Dépôt légal - 3ᵉᵐᵉ trimestre 2019

Bibliothèque et Archives Nationales du Québec, 2019
Bibliothèque et Archives Canada, 2019

Presses Panafricaines, juillet 2019

ISBN : 978-2-924715-21-5

Montréal - Canada
www.presses-panafricaines.com

Abdoulaye DIOP

L'INCONNU DE SAALA MENTENG

Roman

Collection **Soleil d'Hiver**

L'INCONNU
DE
SAALA MENTENG

REMERCIEMENTS

À
Allah, Le Tout-Puissant
Le Prophète Muhammad (SAW)
Serigne Touba Khadimou Rassoul
Cheikh Bassirou SARR Jaamu Bamba
Mes deux parents
Mon épouse adorée - ma Rose
Mes enfants chéris - mes premiers lecteurs
Baye Ibrahima SECK, mon ami et conseiller, Proviseur
à la retraite
Waly BÂ, mon poète et ami
Matar SENE, mon ami et conseiller
Les Condisciples, une famille adorable
Et tous ceux qui ont contribué, de près ou de loin, à la
réalisation de cette œuvre

AVERTISSEMENT

Ce roman est une oeuvre de fiction. Toutes références à des événements historiques ou récents, à des personnes réelles ou à des lieux réels ont seulement pour but de donner à cette fiction un aspect de réalité et d'authenticité. Tout est fruit de l'imagination de l'auteur. Toute ressemblance avec des faits réels ou des personnes existantes ou ayant existé serait pure coïncidence.

PRÉFACE

Poète par vocation – je fais cette révélation sur la base des lointaines affinités fraternelles et scolaires que j'ai avec l'auteur – Abdoulaye DIOP, auteur particulièrement fécond et divers (il a des manuscrits dans tous les genres) risque d'être le premier à s'étonner de devoir constater que son premier livre paru est un roman. En effet, je parle en parfaite connaissance de cause, rien ne pouvait laisser présager que ce talentueux comédien professionnel allait faire son entrée officielle en littérature par une fiction romanesque.

Malgré tout, voilà que l'homme, pour avoir établi un bail matinal avec la POÉSIE, aligne nombre de réflexes poétiques le long de cette fiction narrative au titre déjà mystérieusement chantonnant. En effet, du point de vue de son message, de sa thématique comme de son style, *L'Inconnu de Saala Menteng* nous réserve de mystérieuses surprises, qui, il faut le dire très vite, sont loin d'être l'expression d'une simple coquetterie littéraire. Abdoulaye DIOP brode avec maestria sur le merveilleux, l'hypothétique, l'indécidable; conscient qu'il est que dans l'état actuel des choses, il ne suffit plus d'être capable de savoir raconter.

Abdoulaye DIOP a donc fait le pari de s'éloigner des clichés nauséabonds qui peuplent la littérature africaine moderne ; et pourtant, l'essentiel des ressorts qui font bouger son intrigue sont empruntés à la vie concrète, à l'histoire réelle, celle du peuple même auquel il appartient. *L'Inconnu de Saala Menteng* est effectivement une fiction politique inspirée de situations politiques réelles, mais que l'auteur manipule à sa guise en déplaçant insidieusement les pièces du puzzle de sorte que le lecteur se voit forcé de se laisser porter par moult questionnements. Le Docteur Kholé Ndiaye n'a-t-il pas comme modèle maître Abdoulaye WADE ? Karim WADE n'est-il pas le pilotis d'Amoul Yakaar ? Mar DIAW n'est-il pas le nom fictif sous lequel se cache Idrissa SECK ? ou Pape DIOP ? ou Ousmane Ngom ? Compte tenu des disparités patronymiques savamment entretenues, le lecteur ne sait à vrai dire à quelle hypothèse se vouer. Balloté entre la toile de fond de l'actualité et les faits sécrétés par son biais, il est condamné à boiter dans sa lecture, chaque scène prenant la forme d'une prodigieuse interrogation.

Si certains sont intéressés au premier chef par les allures de thriller du roman, d'autres seront plutôt tentés de magnifier l'aptitude de DIOP dans l'art de fabriquer des psychologies et de leur donner de la consistance, autant dans leurs différences que dans leurs confrontations. C'est dire que *L'Inconnu de Saala Menteng* tient à la fois de l'enquête et de l'analyse, une combinaison qui, de toute évidence, ne se réussit guère sans une bonne dose d'intelligence créatrice.

Servi par une écriture alerte et superbement imagée, ce roman pourrait difficilement être attaqué sur son style.

Waly BA
Professeur de Lettres Modernes

CHAPITRE I

La ville grelottait de froid. En cette période de l'année, la canicule devait faire couler des fronts des ruisseaux de sueur, mais cela se voyait que l'ordre naturel des saisons était dérangé. Du côté de la corniche ouest, la fréquentation était d'habitude plus dense ; les gens, lents dans leurs mouvements, semblaient se donner à l'horizon de l'océan comme pour lui confier leur malaise des jours de forte chaleur. Mais cet après-midi du mois de mai soufflait sur la capitale un coup de froid. Les corps transis se blottissaient sous d'amples vêtements dont la lourdeur ralentissait les pas. Pourtant, la progression des pieds pressés gardait la même cadence ; s'attarder sous ce vent froid dont les rafales ressemblaient à une grêle, et qui se faisait sentir jusque dans la moelle relevait du suicide.

Pourtant, dans ce ballet d'empressements, une forme traînait sur la Place du Souvenir. Descendue d'une ruelle du quartier Boulfaale, elle avançait, pareille à une feuille au vent ; on eût dit un ivrogne… et c'en était un ! C'était un homme d'une quarantaine d'années. Il s'approcha de la statue qui semblait jouer de son corps tout en l'observant du coin de l'œil. L'homme regarda sa montre. Il était dix-neuf heures passées de vingt minutes. Sur l'asphalte, roulait une interminable file de véhicules de toutes marques et de tous calibres. Des voitures haut de gamme, rutilantes de confort, qui roulaient dans tous les sens, dans cette ville où la fortune semblait clouée d'un côté et ne jamais décider à changer de camp. D'ailleurs, ces grosses cylindrées (ces « 8/8 ») ne faisaient que monter et descendre, du matin au soir. L'homme les observa avec mépris, sa tête valsant de gauche à droite, comme pour accompagner chaque véhicule d'une grosse insulte. Il était évidemment ivre d'une douleur, une douleur bien visible qui le submergeait.

La nuit émergeait des falaises. Un épais voile de brume finissait d'obscurcir le regard des conducteurs. L'homme alla se placer sous un réverbère, à la droite de la statue, et leva son regard vers le ciel. Il était grand de taille, mesurant un mètre quatre-vingt environ, son corps squelettique dévoilait des jambes et des bras flasques et démesurés : on eût dit des os recouverts d'une peau lactée qui donnait l'impression d'un enduit de crème. Au centre de son long visage, se dressaient deux prunelles caveuses et vides qui regardaient le monde sans rien voir, tellement le vide remplissait ce corps nu. Mais malgré tout, cet homme grand et chétif était très soigné dans son port : en effet, sa bouche était surplombée par une petite moustache noire, et son crâne, rasé de près, révélait un esprit foncièrement fixateur. Il portait un long pantalon sur mesure, de couleur grise, qui cachait des mocassins noirs vieux, mais lustrés ; une chemise blanche aux manches longues contrastait avec le sous-vêtement noir qui saillait à sa poitrine. Le visage tourné vers le ciel, il resta ainsi un moment. La nuit était complètement tombée sur la ville. Sur la corniche, serpentaient ces insolents véhicules qui montaient, pour la plupart, vers le Plateau.

L'homme, maintenant seul devant la statue du Souvenir, fouilla dans ses poches et en sortit une enveloppe froissée qu'il déplia ; son visage désossé se contracta, alors qu'une moue se dessinait sur ses lèvres. Il lut encore pour la énième fois le nom inscrit dessus «Monsieur Amoul Yakaar NDIAYE…» Il sortit la lettre que contenait l'enveloppe et lut à nouveau : «LICENCIEMENT». Cette fois-ci, il ne put s'empêcher de rire, d'un rire bref et sourd, qui coinça l'extrémité gauche de sa bouche en un rictus d'où se dégageait un profond sentiment de dépit. Il rit encore et encore, son rire secouant ses épaules d'abord, puis tout son corps fut pris d'une transe qui électrifiait sa voix rauque. Brusquement, comme pris d'un accès d'illumination, il se tut. Seule la falaise répondait à son rire. Il laissa fuser de ses lèvres gonflées un «Foutaise !» assourdissant, remit la lettre dans l'enveloppe qu'il renvoya rageusement dans sa poche ; l'autre main – la droite – tirant de son côté un paquet de MARLBORO. Il en alluma une et en tira une très grosse bouffée qu'il laissa un temps brûler sa gorge avant de la projeter dans l'air glacé. Il en toussa ; cela se voyait bien qu'il n'avait pas l'habitude du tabac, et qu'il en usait pour la circonstance. Il venait, en ce moment précis, de se rendre compte que lui, Amoul Yakaar NDIAYE, n'était plus rien. Il avait perdu la seule chose qui le liait à la vie, son misérable boulot ! «Foutaises !», répéta-t-il.

Amoul Yakaar revit la scène de son licenciement comme dans un film de l'absurde. Il avait, comme d'habitude, terminé son travail de comptable des matières et avait rempli tous ses carnets, la veille. Ponctuel et très ordonné, il laissait son bureau méticuleusement rangé, et le retrouvait intact le matin. Mais ce jour-là, il fut intrigué par un dossier qui traînait sur le clavier de sa machine. Évidemment, cela ne lui ressemblait pas de laisser un papier hors des chemises ! Il saisit l'enveloppe et, voyant son nom dessus, son intérêt s'accrut. Le coupe-papier saisi au vol, l'enveloppe fut aussitôt vidée de son contenu. Amoul Yakaar lut et sa tête se vida subitement. Il retourna la lettre dans tous les sens comme s'il ne savait plus où était l'envers. Il retournait cette maudite lettre dans tous les sens, et un seul mot lui restait lisible, «LICENCIEMENT». Ce mot cognait dans sa tête comme un marteau ; il sentit se mêler en lui des sentiments étranges. À l'instant, son cœur, jadis rouillé, se mit à saigner, et il voulut sur-le-champ aller égorger son patron avec le coupe-papier. «C'est sûrement lui ! L'imbécile ! Il m'a toujours détesté, mais je ne me laisserai pas faire !». En un coup de vent, il traversa le couloir du service, et sans se faire annoncer par la secrétaire, s'engouffra dans le bureau du patron. Il trouva un homme bouffi dont le tas de graisse voulait tenir dans un costume sombre et étroit. Amoul Yakaar se pointa et plaqua l'enveloppe sur la table d'ébène :

— C'est quoi, ça ?

Le patron se détourna vers le bureau parallèle et se mit à pianoter sur un clavier d'ordinateur. Amoul Yakaar reprit sa question ; il bouillait de rage devant le mépris affiché par cet homme gras comme un porc.

— Amoul Yakaar, dit le patron sans quitter des yeux sa machine, ta blanche peau ne fera jamais de toi mon colon ; alors, baisse le ton et quitte mon bureau !

— Mais j'aimerais comprendre !

— Il n'y a rien à comprendre… La crise ! Il fallait supprimer un poste de cadre, et tu étais le dernier venu, c'est tout. Maintenant, disparais !

Le patron leva cette fois-ci la tête pour lui indiquer la porte.

La mer bruissait sous la falaise tel un tissu qu'on déchire ; au loin pétillaient des navires amarrés qui se balançaient sur l'eau. La brise redoubla sa teneur glaciale et fouettait Amoul Yakaar en plein visage. Mais les souvenirs de sa journée l'avaient rendu si bouillonnant de fièvre qu'il ne sentait plus le froid. Sa tête résonnait d'ailleurs de mille sons, des voix émergeant de ses neurones et disparaissant aussitôt comme des poissons dans l'océan. Des voix indistinctes au départ, mais qui s'éclaircissaient devant la file de véhicules défilant sur l'asphalte. Dans ce tumulte, il entendit la voix

de sa mère le dissuadant de quitter la France. «N'hypothèque pas ta vie pour ces Africains! Ton père a
tort; il veut te mêler à ses convictions nationalistes.
Son combat ne te concerne pas!», lui avait-elle dit le
jour où il avait décidé de retourner en Afrique, voulant
abandonner toute sa carrière derrière lui. Mais Amoul
Yakaar n'écoutait plus Madame Valérie Ndiaye, cette
toubab qui, il y avait trente ans, avait décidé de surseoir
à ses études en médecine pour suivre un Bouki[1] fou
et intrépide, qui voulait détrôner le Père de sa nation
alors adulé de toute sa génération. Elle, n'avait pas hésité; alors pourquoi lui interdire de suivre ce même
homme – son père – vers cette terre qui l'a vu naître?
Finalement, il avait tout quitté pour son père, ce qui
avait provoqué sa brouille avec sa mère. « Aujourd'hui,
je regrette», se dit-il. Il sortit son portable de sa poche
gauche et chercha un numéro du répertoire avant de
poser son doigt sur la touche «OK». Il hésita un instant. Fallait-il vraiment appeler? Et que dirait-il à sa
mère? Pourrait-il refouler tout son orgueil et lui demander pardon? Ce mot, d'ailleurs, voilà longtemps
qu'il l'avait gommé de son vocabulaire.

Il se souvenait déjà de sa querelle avec sa maman, le
soir de son départ pour Khouroumbouki. C'était une
après-midi d'hiver, vers dix-huit heures, à l'heure du
souper. Paris s'était voilé d'un manteau gris-blanc et
hibernait. Noël se préparait néanmoins dans toute sa

____

1. Bouki : (l'hyène) désigne le citoyen du pays fictif, Khouroumbouki (la République des Hyènes).

ferveur. Les lumières multicolores des guirlandes sur les Champs-Élysées contrastaient avec ce manteau de neige. Les magasins ne désemplissaient pas jusqu'à une heure assez tardive de la soirée. Amoul Yakaar revenait de son dernier jour de vacance à Paris, tout heureux. Il était entré en coup de vent et, sans enlever son manteau, avait lancé d'une voix chantonnante « Maman, j'ai mon billet, je pars ! ». Depuis cet instant, la maison paraissait sans chauffage pour la cinquantenaire, et elle avait pleuré tout l'hiver.

Pourtant, il avait tout réussi en France : de brillantes études, un bon salaire, un amour qui le comblait de bonheur, de merveilleux amis… Sa tête cogna contre un visage qu'il voulut sur le coup éloigner, mais qui se précisa : cette figure, il la connaissait bien, mais en de pareilles circonstances, il préférait ne pas s'y attarder, tellement il aurait honte si elle le voyait ainsi. Secouant la tête, il s'écria presque : « Non, pas Anna ! ». Mais le visage galopait déjà à l'assaut de sa mémoire, la rendant plus vive.

Il se projeta alors des années plus tôt, et atterrit le jour de sa rencontre avec cette jolie Française au lycée Louis-le-Grand. Il fêtait déjà ses seize ans. Le jour de la rentrée scolaire, il cherchait sa salle de cours lorsque ses yeux tombèrent sur ce visage de fée, un regard généreux et timide à la fois qui l'invita subitement à partager leurs premières angoisses de lycéens. Anna était une fille de grande taille, aux cheveux bruns répartis en deux pompons que soutenaient des barrettes roses de part et d'autre de ses oreilles ; une fine bouche rose saillait sur un visage assez régulier surmonté de pommettes colorées. Son regard, d'un gris clair, reflétait une âme d'ange. Les premières leçons prises ensemble, elle révéla des lacunes en maths, l'occasion pour Amoul Yakaar de se rendre chez elle, dans le 1er arrondissement, pour l'aider à renforcer son niveau. Il en profitait aussi pour la regarder si avidement qu'elle se prenait à en rire follement. Parfois des larmes coulaient sur ses joues, et le jeune mulâtre se hâtait de les essuyer tendrement, le cœur déjà serré. Ce poignant souvenir le ramena à la dure réalité. Le visage de sa mère reprit sa place.

« Aujourd'hui comment lui parler après tout ce temps sans nouvelle ? Va-t-elle me pardonner ?... Enfin,… le cœur d'une mère peut toujours saigner, mais il ne garde aucune rancune, surtout pour un fils unique… ».

Il appuya sur la touche et le combiné laissa retentir, quelques instants plus tard, une voix démolie, mais résistante à l'usure du chagrin : « Allô, oui ? », dit sa mère à travers le combiné. Un silence sourd retentit soudain dans la nuit ; Amoul Yakaar se sentit transporté dans le salon parisien de sa mère. Au bout du fil, il regardait les yeux diamantés de cette dame, qui lui souriait dans un visage plissé, labouré par les rides. La voix se fit entendre encore et il se décida à parler : « Maman, c'est moi… Yakaar… ». Madame Ndiaye raccrocha. Sa mère ne voulait plus lui parler ; ce cœur maternel n'avait pas oublié et n'avait pas pu pardonner. Amoul Yakaar venait de perdre tout espoir. Il leva la tête et vit la Statue qui avait cessé de jouer. Il le regardait fixement dans les yeux, le visage tout de marbre. Puis, il baissa le regard et, d'une voix étouffée, sanglota longuement en appelant le nom de sa mère. Il repartit vers Boulfaale, traînant derrière lui deux phares sur l'asphalte, rutilantes comme les larmes qui ruisselaient de ses deux prunelles.

Le réveil fut pénible pour lui. D'ailleurs, il avait mal dormi. De toute sa vie, il n'avait jamais vécu une telle épreuve. Il avait arpenté les rues de Boulfaale sans se soucier du froid ; ses membres gourds traînaient un corps meurtri à la moelle, car la douleur qu'il ressentait en ce moment-là n'était pas physique : il était malade de toute son âme ; il était saoul de douleur.

En tournant à l'angle de la rue 19, il buta sur la table de Mère Awa, la vendeuse de «akara»[2], ces beignets salés à base de farine de haricots, dont il raffolait. Il ne vit même pas la dame qui commençait à le recevoir comme un fidèle client. Intriguée, elle se demandait ce qui pouvait arriver à ce toubab sans famille qui ne parlait à personne, dans son quartier. «Il a sûrement bu ; ces toubabs-là sont imprévisibles !», se dit Mère Awa, en le regardant s'éloigner tel un zombie errant dans le froid de Boulfaale. Elle haussa les épaules et débarrassa sa table ; le froid, pensait-elle, avait retenu tous ses clients.

----

2. Petit beignet à base de farine de haricots

Quand Amoul Yakaar entra dans son appartement, il resta dans le noir, fixant des images qu'il ne voyait pas. Il sentait l'énergie de son corps le quitter en bouffées de chaleur, et chaque atome qui s'évaporait de son corps emmenait dans sa disparition un morceau de sa chair. Il sentait aussi son sang s'égoutter et ruisseler dans le noir avec la même vivacité que les larmes de deuil qui coulaient de ses yeux. La ville dormait, insouciante à ses pleurs. En fait, il venait de comprendre qu'il était seul dans cette grande ville, seul dans ce vaste pays, seul dans ce grand continent, seul au monde. Il aurait aimé se trouver en ce moment, en présence d'une épaule amicale pour pleurer sa peine. À Paris, sa mère l'aurait accueilli et consolé ; elle lui aurait, de son regard diamanté, fait comprendre que ce qui lui arrivait n'était rien, que cela passerait, mais, cette fois-ci, ce n'était pas rien, car son épaule amicale l'avait rejeté. Et il était tombé telle une pierre au milieu d'une mare. Oui, il coulait. Et plus il descendait vers le fond, plus il sentait son cœur s'alourdir et se remplir d'eau ; il coulait et ce corps vidé de ses atomes et de sa chair tournoyait dans le noir de l'eau. À présent, la douleur devenait tenace, car il ne respirait plus : l'eau sombre avait déjà envahi tout son être. Il se laissa mourir avec une sorte de plaisir dans la douleur. Il toucha le fond et son cœur s'arrêta. L'ivresse de la douleur l'avait plongé dans un sommeil lourd et profond.

CHAPITRE II

Ndiobènetalène, la grande capitale de Khouroumbouki, se réveillait dès cinq heures du matin malgré la ténacité du vent froid. Comme toutes les grandes villes
modernes, elle ne dormait presque pas. Elle couvait
son lot de noctambules avec leurs mystères, jusqu'au
petit-matin. À cette heure, les travailleurs de nuit quittaient eux aussi leurs postes et passaient le témoin aux
relèves. S'il vous arrivait de faire un tour dans un quartier comme Boulfaale, vous découvririez le véritable
visage de Ndiobènetalène : un trou perdu trimbalant
ses mystères, allant des traquenards des brigands et
escrocs aux obscénités des putains. C'était un trou à
rats qui démolissait ce que l'individu avait de plus humain, ses valeurs morales, sa dignité, les pulsions de
son cœur. Dans cette jungle urbaine, l'on se nourrissait de la chair et du sang des autres sans se gêner, car
l'homme de la capitale pensait devoir vivre sans pitié
ni convenance, l'essentiel étant d'arriver à ses fins. Le
bailleur d'Amoul Yakaar, un certain Cissé, en faisait
partie. En effet, ce propriétaire se pointait dès le 1er du
mois avec, sous l'aisselle, son bloc de reçus. Comme
d'habitude, il se pointait avec sa perpétuelle mine pa-

tibulaire et ne souriait que lorsqu'il voyait des billets tendus vers lui.

Il avait frappé ce jour-là, quatre coups secs sur la porte d'Amoul Yakaar, et attendait. Ne la voyant pas s'ouvrir, il reprit de plus belle pendant des minutes. Agacé par ce silence de l'intérieur, il se mit à vociférer : «Hey, grand Ndiaye, tu ne m'as jamais causé de soucis, mais tu commences à changer! Sache que je veux mon argent tout de suite et je l'aurai! Tu ne pourras pas m'éviter tout le temps, on finira toujours par se rencontrer. Je veux mon argent et tu me le donneras par A ou par B!... » C'était toujours la même rengaine chaque fois que Cissé venait au loyer et ne recevait pas son dû.

Amoul Yakaar resta ainsi au fond de sa mare pendant huit mois sans pouvoir sortir la tête de l'eau. Il s'était réveillé le lendemain de son naufrage vers quatorze heures, un goût de fiel à la bouche. Il avait dormi tout habillé ; quand il rouvrit les yeux, il se vit trempé de sueur. Ses pieds lui semblaient plus gros que d'habitude ; il voulut les remuer pour s'assurer qu'il n'était pas mort de son naufrage, mais il ne pouvait plus les sentir. D'ailleurs, aucun membre de son corps ne pouvait réagir. Il se dit qu'il avait perdu ses sens comme il venait de dissiper le dernier relent de foi qui pouvait encore planer sur son âme. Il demeura couché à plat ventre encore pendant une demi-heure avant de réussir à se retourner sur le côté gauche ; quelques instants après, il put se traîner vers la salle de bain. Sa douche dura plus que d'habitude. D'ailleurs, pourquoi se presser ? Il avait tout le temps pour lui seul, alors autant profiter de la fraîcheur de l'eau qui, sous l'atmosphère tiède de la salle de bain, lui procurait un plaisir de mort. Il se tenait immobile sous la cascade d'eau; sa peau, jadis d'un blanc de lait, avait viré au bleu. Il lui semblait avoir été roué de coups. Son regard erra un moment sur ce qui l'entourait et il lui semblait avoir été propulsé dans un univers inconnu et très misérable, tant était grande la différence de cadre, comparé à la maison de Madame Ndiaye. «Ah, celle-là, oublie-la!... Oublie-la si tu veux survivre... Au bout du compte, mords-toi seul les doigts, car tu as causé ta propre perte : tu voulais te rendre utile, et tu as montré de quoi tu étais capable; tu n'es qu'un nul!».

Dehors, sifflait un vent glacial qui charriait sur les trottoirs de petites dunes de sable. Les habitants de Ndiobènetalène s'activaient néanmoins comme des fourmis; chacun suivait son emploi du temps avec une détermination sans borne qui se lisait sur les visages fermés. Amoul Yakaar, sorti de la douche, s'était penché sur son balcon. «Je comprends maintenant pourquoi les visages ne sourient pas... D'ailleurs, qui sourirait ici?» À part ses coquettes villas, ses routes goudronnées, ses places et monuments, ce trou à rats n'affichait que sa puanteur, son tas de chômeurs et ses bêtises politiciennes. Il ne pouvait regarder les silhouettes défilant sous ses yeux, car ne pouvant y dessiner de traits humains. Comme lui, ces fantômes qui peuplaient Ndiobènetalène ne comptaient pas.

Il referma les volets de son appartement et resta cloî-
tré pendant deux semaines, ne sortant que pour se
procurer un sandwich, une pomme et de l'eau miné-
rale, à midi, et, le soir, un bol bien garni de «akara».
Il devait ajuster son budget et réduire ses dépenses au
minimum jusqu'à nouvel ordre, quand il trouverait un
nouvel emploi. Seul dans cette jungle humaine, il ne
devait désormais compter que sur lui-même; ses parents avaient définitivement rompu le pont avec lui.

Il s'en était aperçu trois jours après son licenciement, à
la banque : il était parti retirer un peu de liquidité, mais
le distributeur automatique avait affiché «À NE PAS
HONORER». Telle fut sa surprise et sa déception! Jamais il n'aurait pensé que ses parents iraient jusqu'à ce
stade avec lui, malgré leurs différends. N'y croyant pas
ses yeux, il avait recommencé l'opération, et encore et
encore. Il s'était décidé à entrer dans la banque. Comme à l'accoutumée, une foule de clients se pressait à la
réception. Il avait appelé son gestionnaire de compte
par son nom; ce dernier n'avait même pas daigné lever la tête. Amoul Yakaar n'avait pas insisté. Prenant
son portable, il avait composé le numéro de cet ingrat
de banquier qui, avant, lui faisait la révérence jusqu'à
écraser son gros nez de nègre sur sa machine. Il l'avait
vu regarder l'appel et l'interrompre sans toujours lever la tête. Amoul Yakaar était sorti de la banque dépité par ces Africains corrompus et sans vergogne. Il
avait compris que c'était le coup de sa mère : cette
dame venait de vider son compte sous son nez, lui,

l'expert-comptable. Madame NDIAYE avait abusé de sa confiance, mais il n'avait guère le temps de disserter là-dessus.

Revenu à la maison, il s'était décidé à appeler son père. Il lui fallait nécessairement de l'aide et M. NDIAYE lui devait bien cela. N'était-ce pas à cause de lui qu'il avait quitté sa douce France pour venir galérer dans ce pays qui ne lui avait jamais ouvert les bras ? Il avait tout abandonné pour soutenir son opposant de père dans son combat politique. À l'époque, le jeune Amoul Yakaar croyait comme son père, qu'une poitrine bien pleine de convictions pouvait résoudre les équations les plus rocambolesques d'Afrique… enfin, ça aussi, c'était une autre histoire. Il parla au téléphone avec un père devenu plus distant, plus froid et plus inhumain. Pourtant, cet homme l'avait écouté parler jusqu'au bout, sans l'interrompre. Notre bonhomme avait vite repris de l'espoir ; son merveilleux papa lui donnait à nouveau la parole ! Alors il s'était lancé dans une série d'explications pour dire à son père que sa mère avait abusé de sa confiance et qu'il n'avait pas vu venir le coup. « Je ne me laisserai plus duper de la sorte ! », lança-t-il en fixant du regard une présence imaginaire.

À l'autre bout du fil, le Docteur Kholé NDIAYE souriait calmement ; son poulain venait de réaliser qu'il s'était fait avoir après que le coup fut porté.

— Ceci est impardonnable, Yakaar, en politique…

Son fils avait réagi en hurlant presque :

— Il ne s'agit pas de politique, papa ! je ne te parle pas de politique, mais de mes propres problèmes : on m'a coupé les vivres ! Maman a vidé tout mon compte parce qu'elle y avait accès, et je me retrouve sans le sou !

— Et que veux-tu que j'y fasse ? Débrouille-toi, fiston, c'est le fort d'un homme !

— D'accord, j'ai compris ; tu ne veux pas m'aider

— Non, je ne t'aiderai pas !

Son père avait raccroché sur ces mots. Maintenant, il était véritablement seul. Une sourde colère faisait vibrer tous ses nerfs à l'instant ; il sentait un gros poids peser sur sa poitrine. Sa vue se brouilla de chaudes larmes. Il pleurait de détresse dans une ville où il ne pouvait plus compter sur rien ni sur personne. Les murs de la ville tout entière devinrent glaciaux. Glacial était l'air qu'il respirait… Depuis les volets parvenait une musique douce et triste. Son esprit y plana un instant ; il sentait les mots, mais ne les comprenait pas très bien. C'était un vieux tube des années 70 dont les paroles se terminaient par cette phrase pleine de sens, en ce moment :

«Je suis parti, j'ai vu et j'ai compris.

Que la vie est insensée !»

Amoul Yakaar pleura davantage sa vie perdue. Que lui restait-il sans ses parents ? Fils unique d'une famille mixte vivant entre Paris pendant l'année scolaire parisienne et Ndiobètalène au moment des vacances, il avait toujours su compenser une espèce de vide naturel par la présence de ses parents. Quel sens peut avoir la vie sans papa et maman ? Autant tout arrêter ! Inutile d'aller plus loin ! Sa vue se brouilla davantage ; il se jeta sur le lit et pleura comme un enfant. Il pleura toute une journée sans pouvoir se consoler et sans une tape de chaleur sur son épaule. La langoureuse et très mélancolique symphonie flottait toujours dans sa tête :

« Je suis parti, j'ai vu et j'ai compris

Que la vie est insensée ! »

Dehors, la rue s'animait peu à peu. Les rires d'enfants babillards fusaient parfois, déchirant la mélopée en un semi-silence qui la rendait encore plus poignante. Le malheureux s'était retourné sur le dos et avalait doucement la langueur des notes. Du coup, son esprit semblait s'alléger et flottait au gré des variations symphoniques du morceau.

« Parfois j'erre soliloquant

Pareil à un fou

Parfois je demeure

Seul parmi la foule

Sanglotant à perdre ma chair

Et tu sembles m'ignorer

Mais je sais que tu n'es pas mauvaise… »

Un moment, Amoul Yakaar pensait avoir pardonné à ses parents, mais la blessure était si vive qu'elle ne pouvait se refermer par une simple mélopée. Cependant, son cœur était devenu moins lourd et il se révélait plus insensible aux émotions et sentiments.

CHAPITRE III

C'est dans cette panne émotionnelle qu'il avait cherché du travail pendant huit mois sans entendre une seule promesse d'essai ou de stage. Huit longs mois au cours desquels il avait usé de toutes ses ressources pour intéresser un éventuel employeur. Il quittait son appartement le matin avant l'aube et faisait le tour des entreprises, par secteur ; il partait à pieds, déposant son C.V. par-ci, demandant un rendez-vous par-là. Parfois, une réponse le faisait espérer tandis que la plupart du temps il regardait les secrétaires lui annoncer laconiquement « leur regret » de ne pouvoir donner suite à sa demande.

Parfois, il lui arrivait de rencontrer une voix encourageante qui lui donnait envie d'espérer. C'était le cas le jour où il s'était rendu à un entretien d'embauche avec un patron de presse. Il y avait demandé un poste de gestionnaire ; l'espoir était permis, car ce patron venait tout juste d'ouvrir sa station radio et cherchait quelqu'un pour les finances.

Amoul Yakaar était arrivé très confiant, au rendez-vous… Où trouver meilleur que lui, lui, l'as de la gestion ? Simplement, mais correctement habillé, il avait pris la précaution de fournir à son futur patron le profil de la sobriété, et il semblait l'avoir réussi, car la chaude poignée de main reçue du patron de presse frisait la familiarité. Après les salamalecs, le débat fut vaste, pluridisciplinaire, mais aucune allusion à la gestion ne fut mentionnée. L'homme avait la cinquantaine ; il était trapu avec un visage ovale bouffi. Il respirait le partisan du régime à cent lieues. Finalement, dans un sourire large et tordu comme le fleuve Banjul, il lui avait dit : «Vous savez, ce genre de situation est très embarrassant pour nous, car nous avons besoin de gens compétents comme vous, mais…, notre budget ne nous permet pas de recruter des éléments de votre trempe… Vous savez,… avec votre niveau, vous coûtez cher, et nous…»

Amoul Yakaar n'entendait plus les jérémiades de ce visage mesquin et regrettait ses précieuses minutes gâchées à souffrir autant d'idioties de la part d'un cadre supérieur. Quand il se retrouva dehors, sous le soleil et le vent, il en aspira profondément à s'en exploser les poumons. Il marcha un moment sans expirer, gardant jalousement l'air dans sa poitrine. On eût dit qu'il craignait d'en manquer. En fait, il avait peur. De quoi ? Il ne le savait pas. Mais son âme tambourinait à une cadence frénétique. Un vent glacial lui congelait la chair ; il marchait maintenant entre les deux voies de l'autoroute qui menaient vers le centre-ville. Un moment, il pensa retourner sur ses pas, quitter Ndiobènetalène et s'enfuir… Vers où ? Mbalaxteen, sûrement ? ou Jolofndiaay ? Ces localités lui étaient restées inconnues, comme d'ailleurs tout l'intérieur du pays. «N'importe où, pourvu que je puisse me retrouver en entier!», se dit-il.

Il marcha ce jour-là pendant des heures au gré du vent, sentant ses forces diminuer, mais sans pouvoir s'arrêter. On aurait dit un wagon lâché en plein trajet. D'un coup, il s'était rendu compte qu'il venait de virer dans l'avenue Bourguiba et qu'il s'engageait dans la ligne droite et très longue du chemin qui menait vers le «Jet d'eau». «Maudit soit le jour où j'ai suivi mon père dans son putain de pays! Merde! Qu'est-ce que j'ai fait de ma vie? Comment en suis-je arrivé là? J'ai tout abandonné, ma mère chérie, ma carrière, mes amours, mon pays – celui-là qui m'a toujours ouvert les bras pour me foutre dans ce merdier! C'est tout ce qui m'attendait? Ne peut-on rien réussir dans ce bourbier, sans passer par la politique? …»

Il se souvenait parfaitement du jour où il avait décidé de changer de vocation. Son père n'était pas content du tout, mais il fallait quand même se faire une raison; cette vie n'était pas faite pour lui; en tout cas, il ne se sentait pas prêt. Il en avait parlé à son père : «Je ne me sens pas dans mon domaine, papa. Je ne sais pas, mais quelque chose me dégoûte dans ce milieu; la politique dans ce pays n'a pas le visage que je lui donnais dans mes utopies, elle patauge dans la saleté, papa! Tout est hypocrisie, manigances et combines. On ne peut pas distinguer ses amis de ses ennemis, car les visages ont le même sourire, ici... ».

Docteur Ndiaye n'écoutait plus rien de ce discours qu'il connaissait par cœur ; il réalisa que son poulain n'était effectivement pas encore prêt. Mais il essaya de garder son calme et de lui laisser du temps pour mieux s'adapter. « Du moment qu'il fait la part des choses, c'est un bon début, » se dit-il. Il le libéra alors des rencontres politiques et lui permit de travailler dans une grosse boîte de la place spécialisée dans le transit.

Amoul Yakaar fut heureux dans ses nouvelles fonctions. La décision de son père le faisait respirer à nouveau. En effet, les interminables réunions le déprimaient ; il se faisait violence pour ne pas gifler ces « bouki » qui ne rôdaient autour du taureau que pour le festin qu'ils tireraient de ses entrailles. Son père, lui, semblait ne rien voir et se laissait berner par ces parasites qui ne lui disaient jamais la vérité. Il se rappelait le jour où il avait surpris un des responsables du Bureau exécutif national confiant à l'un de ses compagnons comment il avait manœuvré pour se mettre dans la poche le tiers de l'enveloppe destinée au financement des sections de sa localité. Les deux hyènes s'étaient écartées du groupe pour mieux partager leur secret, et se tenaient sous le balcon de derrière, près d'une haie touffue qui pouvait les cacher des autres regards. Ce balcon donnait sur la chambre d'Amoul Yakaar. C'était son refuge contre les vilains visages qu'il ne voulait pas voir. Il y passait des heures à prendre l'air sans être dérangé. Cette après-midi-là, rentré très tôt du travail, il avait étalé son petit matelas à l'angle gauche du balcon, sorti des cannettes et, savourant un tube de Francis Cabrel, il discutait avec Anna, par Viber. À cette époque, ils n'avaient pas encore rompu leur relation. D'ailleurs, ils ne s'appelaient qu'à cette heure, dans le calme du jardin. C'était leur façon de plier la distance et passer ensemble la soirée. De doux mots chuchotés à travers le combiné les faisaient rire enlacés dans leurs pensées. Ils étaient ce jour-là en pleine conversation sur un sujet très intéressant à leurs yeux, le roman de Sembène Ousmane, *Ô pays, mon beau peuple*! Tout jeune lycéen, Amoul Yakaar voyait dans l'idéal du personnage Oumar Faye la conviction de son père. Chaque fois qu'il lisait un passage dans ce livre, il se le matérialisait par les actes de Docteur Ndiaye. Finalement, le héros du roman portait tous les traits physiques et moraux de ce dernier. Amoul Yakaar avait aussi demandé à Anna de bien le lire comme une chronique de son deuxième peuple afin de mieux la préparer aux préjugés africains sur les couples mixtes. Il voulait ainsi, par la même occasion, armer sa dulcinée devant les questions déconcertantes de la famille Ferraut. Donc, cette après-midi-là, le tête-à-tête du jeune couple tournait autour de cette jolie saga quand Amoul Yakaar crut entendre des voix prononçant le nom de son père. Ceci pouvait ne pas paraître indiscret s'il l'avait entendu ailleurs que sous son balcon, car ce côté était loin de l'aire politique de la maison. Il tendit l'oreille et la confidence lui tomba droit dans l'ouïe. C'était deux cadres responsables de la province du Kadjoor ; l'un, plus jeune, était vêtu d'un complet traditionnel coupé en trois quart dans du wax, et l'autre était en costume gris taillé sur mesure dans un tissu léger et brillant. Leurs voix voltigeaient jusqu'au balcon sous l'aile du gazouillis des oiseaux. Amoul Yakaar ôta ses oreillettes et rampa vers le rebord pour mieux apercevoir leurs visages ; c'était le jeune Diambar Sène, responsable du bureau de stratégie du parti, et le doyen Mar Diaw, le numéro 2 de cette formation politique, qui réfléchissaient ensemble sur les voies et moyens pour détourner le maximum d'argent de l'enveloppe qu'ils allaient recevoir du Docteur. Amoul Yakaar entendant ces mots, s'en trouva si dépité qu'il interrompit la conversation avec Anna. Il rentra dans sa chambre, se rhabilla et attendit.

Le grand salon qui servait de lieu de réunion au Bureau national se débarrassait petit à petit de ses occupants. La séance de travail n'avait pas duré cette fois-ci puisqu'il s'agissait simplement de distribution d'enveloppes pour le budget de fonctionnement des bureaux régionaux. Quand Amoul Yakaar entrait dans la salle, son père s'apprêtait à tendre une grosse enveloppe au doyen Mar Diaw. Il se précipita et l'intercepta. Le Docteur se montra à la fois surpris et incommodé :

— Fils, pourquoi ce geste ?

— Ne donne plus d'argent à cet homme, papa ! lui dit-il. C'est un imposteur, un menteur et un fourbe ; il ne pense qu'à ton argent. Je viens de l'entendre depuis mon balcon et il disaitqu'il ne remettrait pas le tiers de la somme à ses sections…

— Suffit! cria le Docteur. Qui t'a demandé ton avis?... C'est ainsi que je t'ai éduqué? Est-ce une façon de parler au meilleur ami de son père?... Excuse-toi immédiatement!...

— Mais, père, je ne dis que la vérité… hasarda le fils.

— Dehors! s'écria encore le Docteur.

Amoul Yakaar sortit précipitamment; il manqua de peu de s'abattre sur la grande table circulaire de la pièce. Le doyen Mar Diaw semblait confus; un sourire s'était mécaniquement collé sur sa grande gueule d'hyène. Il avait gardé, durant ce heurt familial, un œil très perçant sur le fils du Docteur. Ce dernier s'était, aussitôt après le départ de son fils, plongé dans une série d'excuses confuses et maladroites. Le doyen le rassura néanmoins en lui disant que son fils avait mal écouté sa conversation et qu'il était plus que jamais dévoué à la cause du parti. Serrant d'une chaude poignée la main de son mentor, il partit vers sa voiture d'un pas lourd et fracassant.

Le Docteur regarda sortir de la maison la voiture du numéro 2 avant de monter péniblement les marches de l'escalier qui menait vers l'appartement de son fils. Pour la première fois de sa vie, il venait d'humilier quelqu'un, et c'était son fils qui avait reçu le coup. Il arpenta les marches une à une jusqu'à la porte de la chambre. Le bras hésitant, il frappa timidement, mais personne ne répondit. Il tourna le poignet en boule et entra. Une petite valise gisait sur le lit. Son fils était debout sur la véranda, il suait à grosses gouttes. Le Docteur s'arrêta à l'encoignure de la porte du balcon ; il baissa la tête et commença : «Pardonne-moi, fils, c'était la seule réaction qui convenait à ma position… Je ne t'ai jamais crié dessus… C'était aussi pour te protéger. La politique est un jeu de traquenards, fils ! En dévoilant le forfait de cet homme, tu venais de te déclarer son ennemi public No1 ! Ces gens sont capables du pire quand ils se sentent menacés dans leurs intérêts… Tu crois que je n'étais pas au courant de ces forfaitures ? Rien ne m'échappe dans mon parti, mais c'est le prix à payer pour les garder dans mes rangs… Dis quelque chose, au moins !... ».

Amoul Yakaar se tourna vers lui et lui répondit : «Je comprends bien, papa ; c'est moi qui suis de trop dans ton monde… Mais ne t'en fais pas, je n'ai plus l'intention de te gêner, car je m'en vais. Je pars de cette maison pour que tu n'aies plus à me protéger parce que je ne suis pas prêt à accepter leurs faux sourires, et jamais je n'accepterai de me faire humilier pour eux.»

«Si tu quittes cette maison, tu devras te débrouiller tout seul», finit par lui dire le Docteur. Il avait le visage bouffi moins par la colère que par la douleur. Amoul Yakaar ne répondit pas à cette menace ; il avait évidemment l'intention de ne compter que sur lui-même. Il prit sa valise et dévala l'escalier, le corps meurtri. Il sortit de la maison sans se retourner. C'était la dernière journée qu'il avait passée dans la demeure paternelle.

Il pensait à cela à haute voix, se faisant fuir des passants qui le croisaient. L'on se demandait d'où venait ce poivrot tout blanc qui longeait la longue avenue sans se soucier des véhicules qui traversaient à vive allure. «J'espère qu'on ne me reconnaît pas, ici… Et puis, je m'en moque! Quel sens cela a-t-il d'être le fils de Kholé Ndiaye, dans ce pays? Mon père ne réussira jamais à le redresser; il a lui-même lamentablement échoué…». À ces mots, il se mit à rire de sa voix malade, renforçant davantage la méfiance des piétons qui le regardaient de tous bords.   «Maintenant, comment survivre à cette pénurie d'argent? Comment?… ».

Ces terribles questions le menèrent tout droit dans son lit et il dormit toute la matinée. Il fut réveillé par le vacarme de Cissé, revenu pour la énième fois à la charge : «Ndiaye, j'ai toujours douté de ta crédibilité; déjà, le fait qu'un toubab se nomme Ndiaye, est un problème… Et voilà trois mois que tu me fais poireauter. Ndiaye, rends-moi mon argent ou alors, mes clés!»

Amoul Yakaar se décida enfin à lui parler :

— Ça va, M. Cissé? Pourquoi tout ce vacarme?

— Je veux mon argent, dit-il sèchement.

— Vous l'aurez, mais il vous faudra patienter; je vous ai déjà expliqué ce qui m'est arrivé. J'essaie de débloquer mon compte, je vous paierai quand ce sera fait. Pour le moment, il faut que je dorme sous un toit!

Cissé repartit en grommelant des mots incompréhensibles et Amoul Yakaar retourna à son lit.

Ce fut ainsi pendant ses huit mois de chômage. Dans le même temps, il dépensa toutes ses économies.

CHAPITRE IV

Dans le pays, la vie politique reprenait de plus belle. En fait, il n'y avait de vie politique que lorsque le Docteur Kholé Ndiaye remuait l'opposition. On était à quelques mois de l'élection présidentielle et, comme partout en Afrique, les esprits s'échauffaient. Le schéma habituel se dessinait, l'homme fort du pouvoir, le chef de l'État, devait forcément trouver un moyen de ralentir la course de ses adversaires, tandis que les plus hardis parmi eux essayaient de se faire jeter en prison devant les caméras du monde. L'opposant Kholé Ndiaye en était convaincu, lui. «La prison est le meilleur chemin qui mène au Palais de la République», disait-il à son fils et à ses camarades de parti.

Khouroumbouki s'affichait donc dans le débat international grâce aux discours d'intimidation et menaces qui fusaient de partout. Le Président de la République avait signé un décret qui lui permettait de traquer et jeter en prison tous ceux qui ne pouvaient pas justifier leur fortune. Il avait eu l'ingénieuse idée de convoquer la majorité présidentielle un soir de Korité, pendant que les *bouki* se reposaient de leur journée de festin, pour traîner ses élus aux Palais du Peuple et promulguer la loi d'application de la création du Bureau National d'Investigation sur les Richesses du Peuple. La nouvelle instance dirigée par un ténor du parti au pouvoir afficha aussitôt la liste des personnes suspectées d'enrichissement illicite. Évidemment, Docteur Kholé Ndiaye ne pouvait en faire partie ; le chef de l'État ne voulait aucunement lui refaire le plaisir de séjourner en prison et augmenter sa cote.

Mais beaucoup de ses responsables de parti étaient cités par le Bureau National d'Investigation. Un interminable ballet se faisait remarquer devant les locaux du Bureau, le débat se faisant de plus en plus houleux sur les plateaux de télévision et à travers les antennes de radios. D'ailleurs, c'était partout le seul et unique sommaire des éditions d'information. Les arrestations suivirent et les manifestations finirent d'auréoler cette belle session politicienne. Le pays fut en ébullition. Des émeutes éclataient partout dans la capitale. Ndiobènetalène ne passait plus une journée sans une vague de contestations contre l'interpellation ou l'arrestation de quelqu'un. Chaque jour, un secteur s'embrasait ; tantôt, c'était l'éducation, tantôt la santé, et petit à petit, les poches d'échauffourées se répandaient comme des taches d'huile de palme et couvrirent bientôt la carte du pays. Khouroumbouki entra dans tous les gros titres des grandes chaînes occidentales, celles-là mêmes qui se repaissaient des images-choc de l'Afrique, guerres, famines, crimes, toutes les belles images du sous-développement susceptibles de justifier l'abrutissement du grand continent.

L'opposant Kholé Ndiaye avait repris sa place dans le jeu national de la politique. Ses interventions rencontraient l'approbation et le soutien de la majorité des boukis ; sa cote grimpait du coup et il en arriva même à oublier l'existence de son fils : « Celui-là, s'il avait ma trempe, j'en aurais fait le chef de l'opposition, mais il préfère la médiocrité ».

Un soir, il se réunissait avec les responsables des sections chez lui, dans sa villa du quartier sud de Ndiobè-netalène. Jusqu'à vingt-trois heures, il y avait toujours des camarades à recevoir, des ordres à donner, des plans d'attaque ou de riposte à élaborer pour un secteur ; une conférence à programmer ; une enveloppe à dégager et à remettre au responsable. Il fallait surtout, réfléchir sur une stratégie de communication suite à l'interdiction – par le Préfet – de leur marche pacifique prévue le lendemain. L'arrêté venait de tomber alors que des délégations commençaient déjà à rallier la capitale, dans l'après-midi.

— Je ne peux tolérer ce coup de poignard. Cette décision est purement politicienne ! Hé bien, advienne que pourra ! Que chacun prenne ses responsabilités ! Nous convoquons la presse dès sept heures du matin ; appelez aussi les Reporters libres, Africa 24, France 24, RFI, et que tous nos blogueurs s'y mettent toute la nuit : mon communiqué doit être diffusé en préambule avant demain matin.

— Ça n'aura plus d'effet si le contenu est connu à l'avance, dit le doyen Mar DIAW. Il faut leur faire la surprise !

— En fait, c'est cela, la surprise : je ne compte pas communiquer ce texte, demain ; mais, sachant que nous avons affaire à un gouvernement réactionnaire, ce communiqué les occupera pendant que nous tiendrons une conférence de presse qui sera diffusée en direct, à travers le monde. Ce sera devant l'opinion internationale que nous convoquerons nos adversaires.

— Ça, je ne le voyais pas venir ! concéda le doyen Mar DIAW.

En effet, le numéro 2 du parti tombait souvent dans les traquenards stratégiques de son Secrétaire général national ; c'était d'ailleurs ce qui le maintenait en laisse. Il acquiesça péniblement sous l'ovation des autres membres. Le Docteur Kholé NDIAYE portait, ce soir-là, un complet bleu coupé en style Mao, ce genre de vêtement qu'on lui reconnaissait à l'heure des combats politiques décisifs. Sa tête, recouverte de fils tout blancs, était enfouie dans un bonnet haoussa d'un gris qui contrastait bien avec le bleu de l'ensemble. Une jolie canne en ébène sculptée renforçait cette belle prestance du leader politique. Les directives données avec précision, le Q G. se dispersa, laissant le Docteur seul, dans la salle d'audience.

Mais il eut sa surprise en voyant entrer dans son salon un dernier visiteur. Cette forme longiligne, squelettique et sale, ne pouvait être de celui qu'il croyait voir. Non, ce mendiant ne pouvait être son fils! «D'ailleurs, qui l'a fait entrer chez moi?», cria-t-il. Sa voix résonnait dans le vaste salon. Amoul Yakaar, qui se tenait tout juste sur le seuil de la porte, en eut les jambes ankylosées, tant ce cri avait jeté sur sa petite âme une mare d'eau glacée. Avec beaucoup d'efforts, il put reculer et sortir de la maison comme une feuille tremblotant au vent. La voix de son père résonnait dans un brouillard sonore qui lui faisait atrocement mal à la tête. Il rentra chez lui et ne ressortit plus pendant deux jours.

La gargote de Mère Awa ne désemplissait pas l'après-midi; cette heure était choisie par les gens, enfants et adultes, pour goûter aux délicieux beignets de niébé de la bonne dame venue de la brousse il y a plus de vingt ans. Sa place était un petit endroit délimité par des draps multicolores attachés les uns aux autres; à l'intérieur, des chaises en plastique entouraient quatre tables tapissées et propres. À droite se trouvait la «cabine» de préparation, une sorte de kiosque en fer d'où elle sortait ses merveilleux plats de «akara» inondés de sauce rouge pimentée. Il y avait du monde ce soir-là malgré la bagarre qui avait opposé les habitants du quartier Boulfaale aux forces de l'ordre durant toute la journée. Vers dix-huit heures, comme s'ils s'étaient souvenus des «akara» de Mère Awa, ils avaient d'un coup cessé la manifestation et, une heure après, policiers comme frondeurs s'étaient réunis autour de la bonne dame, commentant les coups qu'ils s'étaient envoyés dans la journée et s'en promettant mutuellement de plus coriaces le lendemain. Une situation incompréhensible : le peuple se frappait de la main droite et ripostait par sa gauche tout en riant de ses coups.

Les commentaires allaient bon train et personne ne semblait remarquer la présence d'Amoul Yakaar, assis dans un coin, adossé au kiosque. Il n'avait pas pris part au débat ; il n'avait pas non plus commandé. Mère Awa, le voyant ainsi, se demandait d'ailleurs où il était pendant tout ce temps, parce qu'il avait disparu pendant trois jours. Elle quitta son tablier et alla vers lui

— «*Doom*»[1], où étais-tu passé ? Je me faisais du mauvais sang pour toi.

Amoul Yakaar ne lui répondit pas, il avait trop faim. La dame comprit son mutisme ; elle retourna dans la cabine et en ressortit avec un bol de beignets qu'elle déposa devant le bonhomme avant de lui tourner le dos. Elle revint vite avec une bouteille d'eau et un verre.

«N'hésite plus à venir manger ici ! Même si Ndiobène-talène se déshumanise, dis-toi bien qu'il y a des êtres qui font tout pour rester humains. Et puis, un bol de "akara" de moins ne me fera pas souffrir.» Elle embauma ces derniers mots d'un sourire si maternel que les larmes roulèrent sur les joues d'Amoul Yakaar. Il ne les cacha même pas, mais, par chance, la dame avait déjà tourné les talons. Aussitôt la femme partie, il se précipita sur le bol et avala d'un coup trois gros beignets. Sa poitrine se comprima, les boulettes s'étaient

____

1. *Doom* : « mon enfant », « mon fils », en wolof.

entassées dans sa gorge asséchée par l'émotion, la soif et la faim. Il se versa un verre d'eau, but une longue gorgée, posa le verre en soupirant. Les autres n'avaient pas fait attention à lui ; ils étaient tous occupés à donner leur avis sur la situation du pays.

Au milieu de tous les débats revenait la question des « transhumants », ces hommes et femmes politiques qui changeaient de parti comme de vêtements, en fonction de la tournure des événements et des risques de leurs intérêts personnels. Pourtant, certains responsables du Parti au pouvoir avaient rejoint la formation de Docteur Ndiaye. Le chef de l'Opposition les avait accueillis à bras ouverts, jugeant l'opportunité inouïe. De toutes les façons, cela ne faisait qu'affaiblir ses adversaires. Pour lui c'était de bonne guerre.

L'on parla aussi du coup porté du Docteur au régime en place. La conférence de presse avait retenti comme un coup de « tabala » dans la tête et le cœur des boukis. Et comme prévu, le régime s'était hâté de dresser des barrières policières dans tout Ndiobènetalène. La présence policière était renforcée sur tout l'axe indiqué dans la déclaration de marche. Le Docteur avait bien fait de rassembler toutes les coordinations de jeunes du parti devant la statue de Malaw, le point de départ indiqué pour la marche. Des cars déversaient sur la place des centaines de jeunes habillés aux couleurs du parti et brandissant pancartes et banderoles. Déjà, la Brigade d'intervention de la Police se positionnait avec ses chars blindés et ses citernes à eau. Tout le monde attendait.

Pendant ce temps, le Docteur avait déjà, sous les projecteurs des médias étrangers et sous les micros des stations libres de Ndiobènetalène, commencé sa conférence de presse. Le coup était déjà porté, car le régime en place interdisait aussi les sorties des adversaires dans la presse étrangère.

Les fidèles clients de Mère Awa se livraient à un débat à la fois intéressant et stérile, car dans ce tohu-bohu, il y avait ceux qui parlaient par conviction, mais qui étaient bien informés, et des esprits bornés qui ne comprenaient rien à la politique nationale et qui s'entêtaient dans leur position, sans argument. À côté de ceux-là, les plus pondérés tentaient de raisonner les uns et d'éclairer les autres. Ces hommes et ces femmes transformaient tous les soirs la gargote de Mère Awa en une assemblée nationale, chacun montant au créneau pour, entre deux boulettes de «akara», déverser sa bile sur le régime en place.

Amoul Yakaar suivait ce débat avec intérêt. Il se réjouissait d'entendre les concitoyens dire du bien de son père. «Mais, se dit-il, il n'empêche que c'est un père sans cœur et je n'oublierai jamais qu'il m'a chassé de chez lui. Je suis devenu sa honte! Hé bien, chers camarades, parlez de ce que vous savez!» Il se disait ces mots en repoussant presque violemment le bol vide. Mère Awa revint débarrasser la table. «Merci!» lui dit-il d'une voix ténue; la dame semblait ne pas l'entendre. Il se glaça alors de honte et resta cloué à sa place.

Cependant, quand la gargote se vida de ses clients, la bonne femme revint vers lui et prit place. Elle lui faisait face et, le dévisageant d'un œil toujours maternel, lui demanda :

— Fils, d'où viens-tu ?

— Je suis d'ici, répondit Amoul Yakaar.

— Non, ce n'est pas possible, tu ne peux pas avoir de famille dans cette ville et souffrir ainsi, car tu souffres ! Où sont tes parents ? Ils habitent quel quartier… ?

Amoul Yakaar se leva brusquement et quitta la gargote. Il avait envie de lui crier qu'il était le fils du sauveur de Khouroumbouki, mais, qui le croirait ? Le messie des temps modernes, le Docteur Kholé Ndiaye, ne laisserait jamais sa progéniture mourir de faim ! Non ! Non ! Et non ! Ce serait incroyable ! C'est pourquoi il a préféré détaler avant d'exploser sur cette dame qui lui a donné à manger et qui le regardait d'un œil maternel. La bonne dame, elle, resta coite, partagée entre deux sentiments : la pitié, un sentiment bien maternel et la colère d'avoir été repoussée par ce garçon qu'elle voulait seulement aider. Mais elle ne s'en prit qu'à elle-même : «ça t'apprendra !», se dit-elle en se levant rejoindre sa cabine.»

Le lendemain matin, le fils aîné du khalife général de Serigne Ndoukoumane fut arrêté. Tout Khouroumbouki entra en ébullition. Le Bureau National d'Investigation l'accusait d'enrichissement illicite. On dénombrait, en effet, selon les agents du Bureau, plus d'une dizaine de luxueuses villas en son nom, des parcs infinis de grosses cylindrées et d'innombrables comptes en banque à travers le monde. Toute cette fortune était injustifiée, aux yeux de la loi, donc, illicite. C'était une atteinte à la foi des bouki, une insulte à l'essence même de leur vie. C'était l'étincelle qui embrasa toute la poudrière.

Le pays entier bascula dans une crise interne sans précédent. Mais à la surprise générale, Serigne Saloum fit une déclaration interdisant quiconque de manifester contre l'arrestation de son fils. Il termina son communiqué en rappelant aux fidèles que la force de l'opinion valait mieux que l'opinion de la force, et que la vérité éclaterait bientôt. Cela n'empêcha pas néanmoins certains fidèles de manifester leur colère.

CHAPITRE V

Seule une personne restait insensible et désintéressée aux troubles qui secouaient Khouroumbouki, Amoul Yakaar. Le bonhomme, dépité de tout, continuait pourtant sa recherche d'emploi entre deux manifestations. Il choisissait les moments de répit pour se présenter à une agence, recevoir son habituel «Nous sommes désolés», avant de retourner se barricader dans son appartement. Il devait trois mois d'arriérés de loyer à son bailleur, Cissé, et faisait tout pour ne pas lui parler, ne sortant que le soir pour respirer un peu.

Un jeudi après-midi, comme il revenait de chez Mère Awa, il fut abordé par une vieille personne.

«Bonsoir, fils! Avez-vous la paix?»

Amoul Yakaar ne fit pas attention et introduisit sa clé dans la serrure. «Je voudrais tout juste un peu d'eau pour mes ablutions», lui lança le vieil homme. C'était un octogénaire de petite taille, d'un teint très noir; il avait une barbe rondement taillée et qui rejoignait sa moustache, formant un joli «O» autour d'une bouche bouffie par la fréquence de la psalmodie des sourates. Cet homme sentait la sainteté à des lieues.

«Bah, je me fais nourrir par Mère Awa ; un peu d'eau à cet inconnu ne me fera pas plus mal… Et puis je m'en fous !» Il s'arrêta et lui fit signe d'entrer. Le vieil homme s'exécuta ; il lui tendit une carafe d'eau et s'éloigna vers le balcon. Le vieil homme fit ses ablutions et lui demanda une natte de prières. «J'en ai pas ! …». Pendant qu'il cherchait à terminer sa pensée, le vieux étalait déjà son turban et, debout vers l'Est, fit ses dévotions à Dieu. Il portait un «trois-pièces» d'un blanc de lait, sans décoration et froissé sûrement parce qu'il le portait depuis au moins deux jours ; ces habits restaient néanmoins propres et bien parfumés. Quand le vieux se courbait ou se relevait, se dégageait une odeur de musc très fine qui se diffusait dans toute la pièce. Cela changea, d'ailleurs, toute l'atmosphère de la chambre. Il pria pendant presque une heure. Quand il eut terminé, il vint s'asseoir à côté de son bienfaiteur.

«Merci infiniment, jeune homme ! J'ai eu du mal à trouver une place paisible et libre pour mes prières.»

Un silence les séparait, un mur pourtant sonore ; le vieil homme semblait lire dans les pensées d'Amoul Yakaar. Lui était par contre sûr d'une seule chose, c'était que le vieux voulait lui causer alors qu'il n'en avait pas envie. L'étranger poursuivit : «Fils, quels que soient tes soucis, ne pense jamais que Dieu t'a laissé tomber ! Le Tout-Puissant n'oublie jamais ses Créatures. S'il plonge son esclave dans le bourbier, c'est pour l'éprouver. Alors, il revient à l'esclave du Miséricordieux d'accepter et d'endurer les épreuves ; il sera ainsi élevé parmi les élus de Dieu…» Un autre silence passa; des coups de grenades lacrymogènes éclataient au loin. Le vieux se tut un instant et ajouta : «Même si tu ne me réponds pas, j'entends ton cœur; tu n'es pas mauvais, tu es seulement en colère contre Lui…»

«Et pourquoi pas? lui lança Amoul Yakaar, Il ne m'a pas fait de cadeau dans ce pays! Si vraiment Il nous voit, Il ne pourra jamais jurer que je n'avais pas de bonnes intentions. J'ai tout quitté pour suivre un père qui m'a abandonné dans un pays qui m'a fermé ses bras, qui m'a refusé même mon droit de travailler pour survivre! Si vraiment Il nous voit, Il ne peut qu'être d'une cruauté sans limite pour regarder un innocent souffrir de la sorte, car j'ai souffert et je souffre! Je ne suis plus qu'une ombre dans ce foutoir, une poussière que tout dépose là, même les feuilles mortes, et qui ne peut s'intégrer nulle part. Pourquoi? Ma peau? Je n'ai pas demandé à cette chose qu'on appelle destin de réunir dans un même lit une toubab et un nègre! Je n'ai pas demandé à naître!... ».

Il avait presque crié en débitant sans souffler cette boule de paroles en feu qu'il avait gardée en lui pendant longtemps sans avoir l'occasion de la cogner contre le visage du maître de ses maux, Dieu. Face à ce représentant de Dieu, l'occasion lui était donnée : il espérait que le vieux transmettrait son message à son «Bienfaiteur».

«Ce que tu dis, fils, c'est du blasphème», rétorqua le vieil homme. Il accompagna ses mots d'un regard sévère et profond, comme pour le réprimander. Mais Amoul Yakaar ne se sentait pas menacé par les yeux rouges de ce vieux. Il répliqua :

«Le blasphème est pour ceux qui croient en Lui ; moi, je ne suis pas croyant».

« Je vais passer la nuit à prier pour la paix dans ton âme».

Le vieil homme reprit ses génuflexions qui durèrent jusqu'à l'aube. Quand Amoul Yakaar l'a vu plongé dans ses psalmodies, il est allé se coucher sur son canapé, écoutant les tirs au loin que couvraient parfois des salves de foules en délire. Cet étranger violait son intimité, il ne pouvait pas se coucher sur son lit en sa présence. Son studio était un vaste carré séparé en deux espaces par un cadran bâti en forme d'arc. En entrant par la porte, on accédait d'abord au salon, un ensemble composé de quatre fauteuils de place unique, et d'un canapé, entourant une table basse en bois verni. Au fond, dans la seconde partie, gisait un vaste lit sans tête ; des deux côtés débordaient deux commodes sur lesquelles étaient arrimés des livres de gestion et le roman de Sembène Ousmane, *O pays, mon beau peuple*! En face du mur, une petite armoire de deux battants très simplement sculptée dans du bois rouge. Enfin, l'ensemble de la pièce était tapissé d'un même motif turc de couleur rouge. Il resta ainsi, sa tête reposant peu à peu dans les bras de Morphée.

Le lendemain matin, il se réveilla sur les coups de sept

heures. D'habitude, il était matinal. À sa grande surprise, il remarqua que le vieil homme était toujours à sa place, sur son turban. Sans mot dire, il se dirigea vers la salle de bain, d'où il ressortit en grommelant des choses bizarres ; mais cela n'ébranla en rien la quiète méditation du vieux. « Pas de boulot ! Pas de bouffe ! Et maintenant, pas d'eau ! Où va ce pays ? » Le vieil homme sortit de son état statique et le salua :

— *Assallaamou aleykoum*[1], fils ! As-tu bien dormi ? Ils se sont battus toute la nuit.

— Ça va !, grommela Amoul Yakaar.

En fait, la présence de cet inconnu l'importunait de plus en plus. Mais il ne pouvait se résoudre à le chasser. Pourtant, il n'avait jamais accepté que l'on violât son intimité de cette façon ; seulement, ce vieil homme avait quelque chose de spécial, une force invisible.

« J'ai prié pour toi, tout ira mieux, mais, avant, tu devras endurer d'autres épreuves », lui confia le vieil homme. Le mulâtre avait cette fois-ci envie de l'étrangler. Que pouvait-il vivre de plus dur que l'enfer qu'il avait traversé pendant ces huit derniers mois ? Ce vieux était fou ; d'ailleurs, il fallait qu'il parte !

« Ne t'en fais pas, fils, je pars, dit le vieux, mais n'oublie jamais ceci : la vie nous est servie dans deux pots : l'un

---

1. *assalaamou aleykoum* : formule de salutation en arabe signifiant « que la paix soit avec vous » ; on y répond par « *wa aalikoum salaam* », expression déformée par les wolofs qui prononcent « *maalikoum…* » , et qui est un retour du même souhait de paix à celui qui salue.

fait de sel, l'autre, de miel. Il serait mieux de terminer par le miel».

Il se leva, secoua le turban et l'enroula autour de son cou avant de lui dire : «J'ai bien apprécié de passer la nuit chez toi ; merci pour ton hospitalité ! Nous nous reverrons bientôt».

Amoul Yakaar l'entendit dévaler les marches de l'escalier avec une souplesse de jeune homme. «Décidément, il est vraiment bizarre, ce vieux !... Et je ne connais même pas son nom !... Pouf ! Bon débarras !», finit-il par dire, et il se recoucha.

Une semaine plus tard, vers treize heures, un peu avant que les minarets du quartier Boulfaale ne se fassent entendre pour la prière de la mi-journée, il sortit pour prendre son premier repas de la journée. Les rues s'étaient un peu calmées, l'air gardait quand même l'odeur du soufre. Il marchait paisiblement vers la gargote lorsqu'un véhicule crissa des pneus devant lui ; il n'eut pas le temps de réaliser ce qui arrivait, déjà, des hommes l'avaient encerclé et jeté manu militari dans la voiture. C'était une 4X4 noire aux vitres teintées ; Amoul Yakaar venait d'être arrêté par la police secrète d'État. «Ces hommes à la 4X4», tout le monde les connaissait dans le pays et on les redoutait.

Tout Boulfaale était témoin de la scène, mais seule Mère Awa s'en préoccupait. Pour les autres, cette loque ne méritait pas d'attention. Pourtant, il semblait étrange de voir ce moins-que-rien intéresser la police d'État. Cette réflexion, sortie de la bouche d'un jeune homme de vingt-trois ans, mit la puce aux oreilles de tous les boukis.

— Évidemment, il a quelque chose à cacher, sinon pour quelle raison serait-il arrêté ?

— Erreur judiciaire !, répondit un autre.

— Maintenant, on emprisonne à tort et à travers, renchérit une dame.

— Non, moi, je vous dis que ce jeune « *khonkh nopp* »[2] a quelque chose à cacher : la police soupçonne avant d'arrêter quelqu'un…

— Et c'est le cas, écoutez le journal, dit un client qui se tenait à l'arrière, à la place habituelle d'Amoul Yakaar.

Il bascula son téléphone en mode libre. En effet, le bulletin d'informations parlait de l'arrestation du « *khonkh nopp* » qui venait tous les jours chez Mère Awa, mais l'identifiait comme étant le fils unique du leader de l'opposition, le Docteur Kholé Ndiaye ! Incroyable ! Cette loque ambulante, cette ombre errante, ce fantôme déambulant, n'avait aucun lien de parenté avec le vénérable Docteur, combattant pour les droits des citoyens ! C'était une aberration… « Ou alors, le Docteur est tombé sur la tête ! », finit par dire l'homme au téléphone.

À partir de ce moment, le débat bascula ; l'indifférence revint chez certains tandis que Mère Awa, elle, pleurait

______

2. « *khonkh nopp* » : (oreille rouge) un sobriquet wolof pour désigner un Blanc.

à chaudes larmes. Elle savait depuis le début que ce jeune solitaire et misérable était de bonne famille. Dire qu'elle entretenait le fils du chef de l'opposition! Quel mystère, que la vie!

CHAPITRE VI

Quand il apprit l'arrestation du jeune homme, le doyen Mar Diaw jubila de bonheur. Il s'engouffra dans sa CX et prit la direction du siège du parti. Il comptait annoncer lui-même la nouvelle à Docteur : «Je voudrais bien voir la tête qu'il fera», se dit-il en ordonnant à son chauffeur d'accélérer. Il trouva une immense foule aux abords de la maison et dans la cour. «Décidément, les nouvelles vont vite!», marmonna-t-il en descendant du véhicule. Un responsable lui confia que le Docteur s'était enfermé dans la grande salle. Comme tous les visages affichaient la même mine de tristesse et de désolation, il fut obligé de masquer sa joie. Il entra dans la salle sans se faire annoncer; il était le seul à bénéficier de ce privilège auprès du Secrétaire général national.

Le voyant entrer, le Docteur se leva et lui ouvrit les bras; le doyen l'étreignit avec cette sincérité feinte qui peut tromper un non averti. Cependant, le Docteur, lui, savait bien que ce n'était pas sincère, et il joua le jeu. Les deux hommes se tenaient les bras en devisant.

— Mais d'où tire-t-il cette fortune ? Pas de la caisse

du parti en tout cas, comme il n'a jamais accepté de poste, lui souffla le doyen entre deux lèvres pareilles à des chambres à air gonflées par le mensonge.

— Non, d'ailleurs ce qu'on lui reproche de détenir fait mille fois le budget du parti, rétorqua le Docteur, ayant compris l'angle d'attaque de son second.

— En tout cas, tu sais bien que tu peux compter sur ma loyauté. Je mets mon cabinet à ta disposition.

— J'y réfléchirai. Merci pour tout !

Les deux hommes se quittèrent en ces termes. Le Docteur remercia les camarades venus lui témoigner leur sympathie et les libéra. Quand la vaste demeure fut enfin vide, il convoqua ses avocats après avoir longuement parlé avec son épouse au téléphone.

Rentré chez lui, le doyen Mar Diaw fit part à sa femme de la teneur des événements.

— Je dois sortir, prépare-moi un bon café et dis à Bathie de me remettre les clés de la Toyota… où est-il, d'ailleurs ?

— Il dort, il vient de rentrer, lui aussi ! Tu devrais lui parler, il file du mauvais coton.

— Quoi ? Qu'est-ce qu'il a fait ?

— Si tu étais plus attentif, tu t'en serais rendu compte. Il n'a pas terminé le second semestre, son Censeur m'a appelé. Il a 5 de moyenne.

Mar Diaw l'avait écouté avec religiosité ; il engagea les marches de l'escalier intérieur en lui répondant calmement : « Je m'en charge, ne t'en fais pas ! Ce sera réglé. »

En fait, ce grand caïd de la politique de Khouroumbouki avait beau être crapuleux, il vouait à sa femme
un grand respect. C'était une grande dame d'une beauté remarquable, au teint clair ; son visage révélait son
appartenance à l'ethnie des Halpulaar - les Peuls. Ce
qui la rendait plus belle encore, c'était sa docilité. En
effet, elle ne disait jamais un mot plus haut que l'autre,
se contentant de s'occuper de tout, dans la maison.
C'était elle qui inscrivait leur fils unique à chaque rentrée des classes ; c'était elle qui assistait aux réunions
des parents d'élèves ; c'était encore elle qui s'occupait
des nombreuses bévues de ce garçon qu'elle s'efforçait
de maintenir dans le bon chemin ; c'était toujours elle
qui réglait les nombreuses factures de la famille. Même
l'entretien des véhicules lui revenait ; et elle ne disait
mot, se bornant à s'exécuter avec soin de ses tâches.
Le doyen Mar Diaw en était conscient, et, comme cela
l'arrangeait dans sa situation, il s'évertuait, lui aussi, à
ce que rien ne manquât à sa fidèle et bonne épouse.

Il avait frappé trois coups irréguliers en appelant Bathie. Ce dernier avait entrouvert la porte et lui avait
tendu les clés en glissant sa main dehors. Le père avait
bloqué la porte du pied pour lui souffler à l'oreille un
« Il faut qu'on cause ce soir ! » très amical. Le fils avait
acquiescé et avait refermé sa porte, un sourire com-
plice au coin des lèvres.

On était aux environs de quinze heures et la Toyota roulait en direction du centre du pays. Le ciel était
lourd de gros amas de coton gris foncé. L'atmosphè-

re était pleine de vapeurs. Le soleil semblait jouer à cache-cache avec les paysans besogneux dans leurs champs. Mar avait mis un complet en wax de couleur marron. Il avait «une course personnelle» à faire, cela se voyait par le fait qu'il conduisait lui-même. En effet, quand il avait une «affaire secrète à régler», il libérait son chauffeur et prenait la Toyota. Une fine pluie commença bientôt à tomber, dégageant sur la route une sorte de vapeurs. Bientôt, le ciel s'assombrit et versa de grosses cordes sur la steppe. Mar activa les essuie-glaces. Sur la vitre dégagée, il remarquait une route parsemée de nids de poule et dont le tracé était à peine visible. Visiblement, l'assainissement à coups de milliards était plus orienté vers la capitale; dès que l'on sortait de Ndiobènetalène, l'état des routes se déclarait malade. Gare aux conducteurs qui parcouraient les longues distances vers l'intérieur du pays! Les reins ressentaient tous les soirs cette fatigue de la journée. Lui, le doyen Mar Diaw, avait à peine fait quarante kilomètres et il se tordait déjà de douleur. Mais il souffla vite en apercevant les premières cases de Ngolfagnick. Cet endroit lui était familier, car il y venait très fréquemment. Il y a d'ailleurs assuré au Docteur un grand électorat grâce à son influence sur le chef du village, Baye Bougate Pouye. C'était ce notable qui lui avait présenté celui qu'il venait voir sous la pluie, Keïta, un Malien venu s'implanter là depuis trois ans et dont les fétiches étaient très courus dans la capitale.

Ce fut sous le torrent de l'après-midi que la Toyota se

gara devant la case de Keïta. Mar Diaw ouvrit la portière et déplia un parapluie qui l'abrita jusqu'au seuil. Un homme se tenait debout à l'encoignure. Il sourit en reconnaissant le visiteur et l'invita à entrer. Mar rangea son parapluie dans un coin et se nettoya les bras. Le féticheur lui désigna sa place habituelle, une natte placée à droite d'un amas noir tassé sur du bois. Ce bloc ressemblait à du goudron ; il était enduit d'une matière rutilante et huileuse qui le rendait encore plus énigmatique. Dessus, des traces de sang restaient visibles, et, tout autour de ce bloc de mystère, gisaient amassés, des objets hétéroclites allant de la cola aux coques d'arachides. C'était cela, le fétiche de Keïta.

L'homme s'assit derrière son fétiche et, saisissant un balai, se mit à maugréer des paroles incompréhensibles. Il changeait parfois de débit et sa voix devenait insistante. À cela s'ajoutait le jeu de ses yeux qui donnaient l'air de voir d'horribles choses. Il récita son texte presque à la fois mécanique et solennel. Au bout d'un moment, il sortit de sa transe et s'adressa à Mar : « J'ai vu un jeune homme clair comme le jour. Il te barre la route ; pourtant, il ne constitue pas un réel danger, car il ne s'intéresse pas à toi. C'est son père qui veut le conserver à sa place». Il se tut un moment avant d'ajouter : «Si tu veux, il meurt».

Mar Diaw acquiesça ; le féticheur continua : «Un jeune homme de moins de vingt ans et une fille qui n'a pas encore enfanté, mais qui a déjà goûté au sexe.» Mar approuva de la tête et Keïta termina sèchement :

« D'ici un mois ! À trois heures du matin ! Au profit de la pleine lune ! »

Le doyen Mar Diaw glissa sous le fétiche une enveloppe bien lourde et reprit sa route. La pluie tombait toujours si drue, lui permettant de se cacher de Baye Bougate. Le cadran du tableau de bord affichait dix-neuf heures lorsqu'il traversa le fief de Coumba Bang. Il faisait déjà nuit quand la Toyota se gara dans le parking de la maison sise Nord Plateau.

Les locaux de la Brigade d'Investigation étaient lugubres et inspiraient la peur, à l'instar de ses occupants. Voilà quarante-huit heures que les limiers de Poukhous retenaient le fils du chef de l'opposition, et qu'ils lui posaient cette stupide question : « D'où vient ta fortune ? » Une question reformulée de mille manières comme par exemple, « Comment as-tu eu ces cent milliards ? »

Mais à chaque idiote vocifération des « poulets », il répondait tranquillement : « Vous faites erreur, cet argent ne m'appartient pas ».

Au troisième jour de son arrestation, il fut transféré à la Maison d'Arrêt et de Correction de Sanckou. On appelait cet hôtel à rats Ndougoussine. Vu qu'il était, aux yeux de ses bourreaux, riche d'une richesse extravagante, on lui réserva une cellule V.I.P., celle-là même qu'avait occupée son père à maintes reprises. Cependant, cela le laissait de marbre ; en d'autres circonstances, il aurait sûrement apprécié cet honneur, mais pour l'instant, il bouillait de rage. «C'est stupide! M'accuser de posséder une telle richesse! Après des semaines de mendicité, voilà qu'on m'accuse d'être milliardaire, c'est stupide!... C'est même absurde!...» Il était à ses répliques intérieures lorsqu'un garde pénitentiaire entra dans la cellule :

— Hé boss, il y a une dame qui demande à te voir; elle dit qu'elle est ta maîtresse de céans, ta *ndiatigué*[1].

Amoul Yakaar devina ; une lueur illumina son visage, et il pensa au sourire maternel de Mère Awa. «Elle doit souffrir plus que moi, cette sacrée dame! Si seulement ces milliards m'appartenaient...!» Puis il suivit le garde au parloir.

Dès qu'il entra dans la salle d'entretien, la dame se leva tout en sanglots et se précipita vers lui :

— Mon fils, cela fait des jours que je te cherche! Qu'est-ce qui se passe? Que t'arrive-t-il? Et tout cet argent, d'où le tires-tu? Et ton père... c'est vrai que tu es le fils du Docteur...? Réponds...!

Amoul Yakaar sourit; comment répondre à toutes ces questions à la fois? Il la rassura :

— Du calme, Mère Awa, du calme! D'abord, je vais bien, et puis je te rassure tout de suite, je ne sais pas d'où vient la fortune qu'ils m'attribuent. C'est une histoire à dormir debout... Enfin, voyons! c'est toi-même qui me nourrissais de tes beignets; alors, comment

___

1. « *ndiatigué* » : tuteur, maître de céans ; la personne qui reçoit un hôte à sa charge.

peut-on détenir tout cet argent et mourir de faim?

— Moi-même, cela me rend complètement folle, car je ne me l'explique guère… As-tu mangé? On dit que la nourriture est mauvaise en prison.

— Mais pas pour moi. Comme ils me prennent pour un riche, ils me traitent bien. J'ai une cellule bien aménagée, comme dans un appartement, mais tant mieux pour moi!

— Je t'ai apporté des « akara », tiens!
Amoul Yakaar tendit le bras et posa l'emballage devant lui. Il dévisagea la bonne dame pendant un temps et, lui prenant les bras, il lui dit : «Tu es une véritable maman pour moi. Je n'oublierai jamais cela. Merci!».

L'entretien se termina dans l'émoi, Mère Awa retournant à Boulfaale, plus que jamais convaincue de l'innocence du jeune homme.

Et puis ce fut le tour du Docteur Kholé Ndiaye de rendre visite à son fils. Cette fois-ci le tête-à-tête se passa dans la cellule du fils. La visite eut lieu dans l'après-midi, après que le prisonnier se fût gavé de beignets au niébé. Il se délectait ainsi du ridicule de sa situation quand le garde entra avec, à la bouche, cette phrase : «De la visite, boss!» Amoul Yakaar leva la tête et bondit du lit, surpris. Son père se tenait là, devant lui, silencieux et hésitant. Mais lui n'hésita pas; il alla directement vers lui et le serra dans ses bras. Une douleur glaciale traversa le Docteur, mais il se ressaisit :

— Est-ce qu'on te traite bien, ici? Asseyons-nous… Voilà : je suis désolé pour tout… mais je voulais seulement t'éprouver et te ragaillardir…

— Papa, ça va! Oublions le passé! Comment vas-tu?

— Moi, ça va, mais…

— C'est maman? Dis, qu'est-ce qu'elle a?

— Elle prend mal ton incarcération; elle n'ose pas t'imaginer en prison… Et puis, elle redoute que tu suives mes traces. Tu sais, c'est le meilleur moyen d'obtenir les voix du peuple; j'en suis un exemple patent.

Un petit silence finissait de relaxer leurs nerfs, et le Docteur lui posa la question qui lui brûlait l'estomac depuis l'annonce de l'arrestation :

— Fils, d'où sors-tu tout cet argent?

Amoul Yakaar lui rétorqua la seule réponse qui soufflait dans son esprit, lui aussi :

— Ce n'est pas pour moi; ce n'est pas mon argent et je ne sais pas du tout comment ni pourquoi on me le colle à la face. Je galère dans cette ville depuis presque dix mois, avec comme seule source d'alimentation, des beignets de niébé que m'offrait une bonne dame. Alors, comment peut-on détenir toute cette fortune et vivoter comme un rat? Cet argent n'est pas à moi, Docteur!

Le Docteur n'en revenait pas. Une histoire si rocambolesque ne devait pas arriver à sa famille! Il plaça, entre deux soupirs : «Pourtant, les preuves sont accablantes, fils, la fortune t'appartient». Son fils répliqua tout de suite : «Mais elle n'est pas à moi!»

Le tête-à-tête familial dura à peine un quart d'heure.

Le Docteur Kholé Ndiaye promit à son fils un pool d'avocats pour assurer sa défense ; le fils, lui, exigea que sa mère ne lui rendît pas visite en prison, car elle en souffrirait davantage. Docteur sortit de la M.A.C. de Ndoungoussine le cœur en proie à un mélange d'émotions, mais il était sûr d'une chose, c'est que son enfant ne resterait pas longtemps en prison.

Pendant ce temps, le doyen Mar Diaw pensait au sacrifice à faire. Il jugeait le délai trop court. Bien sûr, il l'avait fait plus d'une fois, il en avait l'habitude, mais cette fois-ci, cela ne lui donnait pas le temps de contacter ses hommes à tout faire ; ceux-là étaient imprévisibles et pleins de caprices. Il fallait qu'il se préparât à payer cher.

En attendant, il devait parler à son fils de ses nouvelles escapades nocturnes. Bathie trouva, ce soir-là, son père étendu sur le divan de la salle d'en bas. Il le salua et se dirigeait vers l'escalier lorsque celui-ci l'appela. Il s'arrêta et revint vers son père, à reculons. Il s'attendait, en effet, à cet entretien.

— Depuis quand es-tu absent de l'école, demanda le père ?

— On est en vacances, Pa' !

— Oui, mais tu n'as pas composé au second semestre. Ton Censeur a parlé à ta mère.

Bathie se tut ; son père se redressa et continua : « Tu sais, tu peux faire ce que tu veux, mais il faut que tu étudies ! Je t'ai promis de t'envoyer aux États-Unis si tu décroches ton Bac. Comment feras-tu avec une moyenne de 5? Il faudra que tu te rattrapes l'année prochaine!» Un sourire cassa la tension de l'atmosphère; il termina : « T'en fais pas, je m'occupe du bulletin! Mais tu me promets le Bac!» Bathie sourit en lançant : «T'inquiète Pa'! Mais laisse-moi terminer de bonnes vacances!»

Il montait l'escalier quand sa mère en descendait. Observant les visages, elle devina le déroulement de l'entretien et son issue.

— Je te demande de lui parler et tu complotes avec lui! Tu hypothèques toi-même l'avenir de cet enfant.

— Oh, tu te fais du sang d'encre pour rien!

— Je ne suis pas d'accord avec ta façon de l'éduquer, lui rétorqua Arame, sa fidèle et bonne épouse. Et lui as-tu parlé des nuits qu'il passe dehors et des filles qui viennent dormir chez moi?... Ce n'est pas un motel, ici! Parle à ton fils, sinon je lui interdirai la voiture! D'ailleurs, je confisque les clés!

— C'est toi seule qui vois, lui dit le doyen en lui tendant les clés de la Toyota!

Arame saisit les clés avec énervement et se dirigea vers la cuisine. Le doyen monta vers son bureau et s'enferma pour appeler son contact : « Demain à dix heures, à l'endroit habituel!» il raccrocha aussitôt.

CHAPITRE VII

Amoul Yakaar commençait à s'habituer à son nouveau logis. La grande cour de Ndoungoussine était devenue son nouveau quartier. Il y avait même des voisins qui le fréquentaient et avec qui il passait les après-midi. Il se sentait plus posé et plus paisible dans son âme quand Mère Awa lui avait rendu visite; il pouvait alors se permettre de profiter de la vie carcérale et des charmes qu'elle offrait. En effet, dans ce milieu, il pouvait observer différents types d'individus, des plus dangereux aux innocents comme lui. Le plus extraordinaire dans toutes ses remarques, c'était cette grande communion et ces liens qui se tissaient entre les détenus.

Un jour, se promenant devant son petit «studio», son attention fut attirée par la présence de deux jeunes hors pair et très amusants. C'était un gringalet et un costaud; ils se chamaillaient sans cesse. À les regarder de plus près, Amoul Yakaar s'aperçut que c'était le petit de taille qui avait de l'ascendant sur le tas de muscles. En effet, ce colosse était un géant sans cervelle; le petit, lui, était grand par l'esprit. C'était lui le cerveau du groupe. En tout cas, c'était le constat que «le boss de Ndoungoussine» avait fait dès le début.

S'approchant du duo, il les salua timidement ; le petit leva la tête et, le reconnaissant, se lança vers lui, le sourire affiché comme un soleil de mai.

— Hé, le boss de Ndoungoussiine ! Quel honneur !

— Pourquoi ? Quelle importance ma personne a-t-elle ?

— On dit que vous êtes, de nous tous réunis dans cet enfer, le plus riche et le plus caïd…

— Pourquoi ?

— Ils disent que vous avez volé des centaines de milliards ! Que jusqu'à présent, les «sorciers» n'ont pas réussi à mettre la main dessus !...Bon, mais comme vous savez, ce sont des «on-dit», la vérité, seul Dieu la connaît !
«Philosophe en plus ! se dit Amoul Yakaar». Son intérêt se raviva ; il lui demanda :

— Vous avez raison, Lui seul la connaît. Et vous, qu'est-ce qui vous amenés ici ?
À cette question, le gringalet sourit de regret ; il répondit en désignant Tas-de-muscles :

— Je suis ici à cause de ce nigaud.

— Et moi, à cause de toi ! répliqua Tas-de-muscles.
Amoul Yakaar, sentant la question intéressante, intervint :

— Attendez un instant : vous, vous comprenez, mais pas moi ! Alors il faut m'expliquer !

— Vous ferez mieux de vous asseoir, dans ce cas, notre histoire ne tient pas en deux mots.

Amoul Yakaar prit place à côté du nigaud. Le cerveau commença son histoire.

« Nous avons grandi, Tas-de-muscles et moi, dans le même quartier. À l'époque, Boudjou Land, notre fief, était un bidonville sans infrastructures ni assainissement ; les femmes passaient la journée autour de la seule borne fontaine qui y existait, pendant que les hommes disparaissaient vers la ville et ne revenaient que le soir tombé. Quant à nous, misérables bambins, notre sort était lié à la présence ou pas du seul maître d'école, Monsieur Diome, qui tenait ensemble deux classes. C'était un instituteur très jeune, mais plein de bonne volonté. Grâce à lui, j'ai compris qu'être enseignant n'est pas de tout repos. En effet, il se pointait devant les deux baraques en bois qui nous servaient d'école et criait à tue-tête nos noms. Sa forte voix se diffusait dans tout le bourg, alors gare aux récalcitrants ! Si le fuyard ne se présentait pas le plus souvent sous les coups de chicotte de sa mère -, il allait lui-même à sa recherche. Dans ce cas, c'était pire, car le candidat à l'école buissonnière passait impérativement un sale quart d'heure. M. Diome le rouait de coups de cravache avant de le mettre à genoux devant le tableau. Tous les ménages le connaissaient dans Boudjou Land, c'était pour cela qu'il était considéré comme une autorité dans le quartier. Il intervenait dans les conflits de famille, jouait bien son rôle de conseiller pour le chef de quartier, qui le consultait sur toutes les affaires concernant le domaine public ; il remplissait aussi sa tâche de scripteur pour les correspondances en partance de notre fief, et de traducteur pour le courrier arrivé. L'imam le voulait à ses côtés à chaque cérémonie religieuse ou familiale. Toutes ces fonctions ajoutées à ses heures de cours, on comprenait facilement pourquoi M. Diome avait prématurément vieilli : sa tête était jonchée de fils poivrés qui brillaient chaque fois qu'il suait sous la fournaise des salles de classe de fortune.

Notre enfance se déroulait donc innocemment sous la houlette de notre maître. Les leçons apprises la veille à la lueur des lampes-tempête et des bougies devaient être récitées le lendemain matin, à la première heure. Je crois que c'était dans ces moments-là que je m'étais pris de compassion pour Tas-de-muscles et que j'avais décidé de m'occuper de lui pour le tirer des griffes de M. Diome. Car ne vous trompez pas, notre maître était maigre, mais très puissant. Quand il emprisonnait nos poignets dans ses mains osseuses, nous ne pouvions plus bouger. La seule solution qui nous restait était de crier très fort pour susciter sa pitié – ce qui n'était pas évident, car M. Diome avait un cœur d'ange, mais quand il frappait un élève, on dirait Lucifer. Or, Tas-de-muscles était condamné aux brimades du matin, tellement il était incapable de mémoriser deux phrases. M. Diome l'avait compris et l'interrogeait chaque matin. Le malheureux promenait alors des yeux déjà rouges autour de la classe, à la recherche d'un regard salvateur. Et c'était toujours sur le mien qu'il s'arrêtait. Comme je mémorisais toujours mes cours, je lui soufflais secrètement – avec force manières – les mots, jusqu'au jour où M. Diome me surprit dans mes manœuvres. J'eus mal aux fesses pendant une semaine. Mais cela ne m'arrêtait pas, je volais toujours au secours de mon nigaud d'ami.

Lui aussi me rendait bien la pareille. Le ciel avait fait que je ne m'occupais jamais de ce qui me regardait; il m'arrivait, par exemple, de me frotter à plus fort que moi et de me retrouver coincé dans de fortes aisselles aux relents de vinaigre. Tas-de-muscles entrait alors dans la danse et repoussait mes tortionnaires. Comme ça, l'équilibre était fait, nous apprenions à veiller mutuellement sur nous.

Finalement, nous devînmes inséparables. Tout Boudjou Land nous prenait pour des jumeaux – en fait, seules nos tailles faisaient défaut – et nos mamans trouvèrent là, du coup, une bonne occasion de se lier d'amitié. Quand l'une d'elles cherchait l'un d'entre nous, elle se rendait directement chez l'autre. Nous n'avions d'ailleurs même pas le temps de rester à la maison, à la seule pensée des juteuses mangues et pommes d'acajou qui nous attendaient dans les Niayes, entre Boudjou Land et Fakh Land.

Trois ans plus tard, je fus admis au Certificat d'Études Primaires Élémentaires – le fameux C.E.P.E. – et à l'Entrée en Sixième. Tas-de-muscles, lui, demeurait collé au CE2. Je me demande d'ailleurs comment j'ai pu réussir sans problème, car dès son premier redoublement, j'avais commencé à sécher les cours et à le suivre sous les pommiers d'acajou. Mais ce n'était que partie remise, car je ne fis que trois mois de cours au collège.

Au début, c'était une ou deux séances de raté, puis je restais des journées entières sans me présenter à l'école. Averti de mon attitude peu honorable, M. Diome vint un soir en parler à mes parents. La lune, ronde dans un ciel laiteux, favorisait la marche de notre ancien instituteur. Ce dernier salua juste au moment où ma mère posait le bol de couscous sur la natte, devant mon père. Il salua ; toute la maisonnée reconnut sa voix. Mon père l'invita :

« *Mouché*[1] Diome, ton coursier mérite des soins, tu arrives pile à l'heure. Lave-toi les mains vite ! »

M. Diome s'exécuta et s'assit à côté de mon père. Quoique délicieux, le repas me parut fade et je perdis l'appétit. Je quittai le bol après seulement trois bouchées ; le couscous de ma mère avait un goût unique. Elle seule savait comment rendre sa sauce d'arachide si onctueuse et si épicée, et le couscous devenait si tendre une fois sorti du feu de maman ! Mais il fallait me sauver pour échapper à l'orage qui s'annonçait. Je m'étais précipitamment lavé les mains et m'apprêtais à

---

1. « *Mouché* » : une déformation de « Monsieur » ; le personnage est analphabète et ne prononce pas bien le mot en français.

quitter la cour quand la voix de l'instituteur me retint :
«Bocar, ne pars pas si vite, je suis ici pour ton cas!»
Mon père anticipa son dîner et moi, coincé, je rejoignis
la natte sous les ordres du patron de la maison. Le
maître d'école termina son repas et vint s'asseoir en
face de nous. Il mit mon père au parfum de mes actes,
dans un exposé empreint de désolation, de chagrin et
de regrets. Le soufflet de papa sur ma joue droite mit
fin au discours de M. Diome, qui n'eut pas le temps de
réagir, que déjà une seconde gifle me renversa sur la
natte, et des coups de poing s'abattirent sur mon dos
comme une avalanche de granit. L'instituteur intervint
pendant que ma mère venait aux informations. Entre
deux cognées, papa la renseigna en hoquetant. J'attendais qu'une brèche s'ouvrît pour m'enfuir, et c'est ce
que je fis dès qu'il leva la tête. Il tenta quelques pas
jusqu'au seuil de la maison, pour me suivre, et revint
s'asseoir, la poitrine au bord de l'explosion. M. Diome
prit congé dans une pluie d'excuses et de recomman-
dations.

Le maître d'école parti, mon père s'en prit à ma mère
et l'accabla en lui imputant la responsabilité de mon
mauvais comportement. Elle répliqua et ce fut la bagarre dans la nuit. J'assistai à toute la scène, caché derrière la palissade qui nous servait de clôture. Je vis mes
oncles les séparer, et ma mère de rejoindre sa chambre
en pleurs. Je tournai mes talons pour ne plus retourner
chez nous.

Tas-de-muscles traînait devant sa maison paternelle jusque tard dans la nuit. Je le trouvai très malheureux à cause de moi. Je m'assis à ses côtés. Nous restâmes silencieux pendant une éternité. Sa mère sortit un moment et nous vit ; elle s'approcha pour nous parler secrètement : « Bocar, ta mère savait que tu viendrais ici ; elle veut que tu passes la nuit chez nous, demain, nous irons parler à ton père. Allez dormir, il se fait tard ! ».

Le lendemain, de bonne heure, tante Magatte, la mère de mon ami, m'accompagna chez mon père. La discussion fut assez courte et mon père revint à de meilleurs sentiments. Il avait, en effet, beaucoup de considération pour cette bonne femme qui soutenait toujours maman dans les mauvaises passes. Tante Magatte était une femme de teint noir et d'une grande corpulence, mais cela n'entravait en rien sa coquetterie. En effet, elle avait des rondeurs bien développées et sans surplus, une véritable « diriyanke » bouki qui se faisait remarquer à des lieues, dans les belles et simples tailles basses qu'elle avait l'habitude de porter. Quand elle souriait, sa bouche révélait deux rangées de dents régulièrement alignées et d'une blancheur de lait. Son tendre regard couvait une beauté de cœur pure. Et puis ses bonnes mœurs la mettaient au-devant des femmes du quartier, à qui elle servait de modèle. À ce titre, elle se chargeait du règlement des conflits familiaux et s'imposait par ses bonnes idées.

Je réintégrai la cellule familiale, mais pas pour longtemps. Tas-de-muscles m'avait fait découvrir un nouveau délice : le larcin. Un samedi matin, il m'a fait sécher les cours et ensemble, nous nous sommes rendus au marché de Fakh Land. C'était un marché réputé dangereux. Pour nous y rendre, nous empruntions un sentier longeant le Tuyau de Yagga mandi, un quartier d'ivrognes. Mais il fallait d'abord passer par le Camp militaire, passage obligé pour les bambins de la banlieue que nous étions, car c'était jour de saut des parachutistes. Nous nous rendions au camp au pas de course suivant le Focker, ce gros avion qui vomissait dans le ciel ces formes minuscules et noires au départ, mais qui, s'approchant du sol, grossissaient de plus en plus et révélaient des corps suspendus au bout de sortes de parapluies multicolores. Quand elles touchaient le sol, elles dévoilaient des soldats en treillis superbes dans leur port et dans leur forme physique.

Celui qui peuplait le rêve de tous les enfants de la banlieue de Ndiobènetalène, c'était le Capitaine Dina Ndiaye. Ce vaillant para sautait toujours, un fanion aux couleurs nationales accroché à ses jambes. Il entretenait ainsi un mystérieux lien avec nous et nous le reconnaissions à des centaines de mètres dans le ciel, dès qu'il jaillissait de l'avion. Alors, charmés et infatigables, nous accompagnions le soldat par une chanson devenue populaire et qui ne disait que son nom : «Dina Ndiaye! Dina Ndiaye!» Cette clameur le poursuivait et c'était comme si, suspendu aux nues, il entendait nos voix et s'en berçait jusqu'au point de chute rouge. Quand Dina touchait enfin le sol, nous nous mêlions à la foule d'hommes en tenue, nous dopant de leur fierté de Diambars. Après quoi, l'on parlait de «la graille», un festin auquel nous n'avions jamais assisté, mais dont nous parlions avec envie.

Quittant le camp, Tas-de-muscles me montra une petite montre dorée et me dit qu'il l'avait dérobée à une de ses cousines mariée et venue passer quelque temps chez eux. Le pacte du secret fut scellé et nous vendîmes le petit bijou au prix de 1500frs. C'était suffisant pour nous permettre toutes les gâteries dont nous raffolions, des morceaux de coco, de la crème glacée, des cacahuètes… Quand, vers treize heures, nous quittâmes le marché, il ne nous restait pas plus de 200frs en poche, mais la journée était bonne. Nous nous promîmes de recommencer à chaque bonne occasion. Nous venions de réussir notre premier larcin.

L'appétit venant en dérobant, nous avions fini par faire du vol notre principale activité, de Boudjou Land à Fakh Land. Le second semestre s'était déroulé sans moi et je fus exclu avec une moyenne de 4 sur 20. Tas-de-muscles aussi s'était arrangé pour se faire chasser de sa classe pour absentéisme chronique. Au fait, nous avions déjà atteint l'autre rive du vagabondage et l'école nous dérangeait. La liberté à laquelle nous avions goûté valait pour nous son pesant de délices.

Pourtant, nos parents n'avaient pas baissé les bras. La chance de l'école s'étant écoulée sous nos bêtises, Tante Magatte avait réussi à convaincre mon père de nous faire apprendre un métier. Pour mieux réussir sa tentative, cette fois-ci, elle nous avait cherché des patrons à des endroits très éloignés. Le monde de la menuiserie nous ouvrit les bras. Les débuts furent difficiles, car nous ne passions plus les journées ensemble.

Un jour, je découvris le plaisir de sucer de la colle. C'était un vendredi matin, vers midi ; mon patron étant pressé d'aller à la mosquée, m'avait donné le prix d'une bouteille de colle. C'était un dur à cuire, mon patron ! Il était passé par le chemin que j'empruntais et pouvait prévoir mes coups. J'étais donc obligé d'acheter la bouteille de colle. Je m'étais alors rendu à une quincaillerie assez éloignée de notre atelier pour mieux profiter de ce moment d'escapade. Le vendeur baissait ses stores quand j'entrai dans le magasin. C'était bientôt l'heure de la prière du vendredi, et les musulmans de Ndiobènetalène avaient beau être de mœurs tordues, rien ne pouvait leur faire rater la prière du vendredi. Ce zélé me tendit la bouteille de colle avec empressement et me chassa presque de sa quincaillerie. Je flânais alors dans les rues tortueuses du bidonville à la recherche d'un moyen de m'occuper de cette bouteille. Soudain, l'idée me vint d'en humer un peu. Je cherchai un chiffon sous une palissade et enlevai le bouchon avec délicatesse. Le liquide visqueux coula doucement vers la paroi et j'en enduisis le chiffon que je portais à mes narines. La forte odeur qui me pénétra me fit du coup couler du nez, et j'eus un mal de tête atroce. J'avais envie d'abandonner, mais une odeur d'essence tenace me retenait le nez collé au chiffon. Bientôt, je retrouvai une béatitude jamais acquise. Le soleil du zénith me parut soudain violet et je vis les ruelles serpentant tels des boas, se pliant et se déroulant sous mes pas soudain devenus flasques. Sous mes pas se creusaient et se comblaient en même temps des milliers de trous que j'essayais d'éviter. Ceci me fit zigzaguer. Enfin, l'horizon tournoyait et j'eus la sensation d'être transporté sur les cimes des arbres. J'aperçus mon patron en compagnie de visages connus et inconnus. Ce vieux voyou avait compris mon forfait et me traînait vers l'atelier par le bras. On m'a raconté plus tard que je débitais des phrases incohérentes et des insanités – le plus souvent dirigées contre mon père – et que mon patron m'avait roué de coups jusqu'à ce que je perdisse connaissance.

Quand je repris petit à petit mes esprits, je remarquai des traces de coups sur mon corps et je me sentais fatigué. Mon patron m'envoya un dernier coup de pied aux côtes : «Tiens! Ça, c'est pour m'avoir fait rater la mosquée!», me dit-il.

Mon comportement remit le feu aux poudres, chez moi. En effet, informé par le patron de mon acte de vandalisme, mon père s'en prit à nouveau à ma mère. N'eût été l'intervention de Tante Magatte et des oncles, il l'aurait blessée. Quand la tempête se fut calmée, j'attendis que mon père fût sorti pour me glisser dans la baraque de ma mère. Je la trouvai assise sur le lit, les yeux gonflés et rouges de larmes. Je m'approchai d'elle, et elle me tira avec fougue sur elle; ses sanglots me firent pleurer de honte. Grand, vous ne pouvez pas comprendre, ces instants sont les plus douloureux et ils restent gravés dans ta mémoire comme de la sculpture sur granit. Quand sa poitrine fut moins secouée, elle me redressa et me parla : «Bocar, mon fils, il est temps qu'on se parle ; toi et moi ! Bocar, veux-tu ma mort anticipée ? Ne peux-tu pas prendre exemple sur les bonnes gens ? Tu ne souhaites rien réaliser dans la vie ? Je souffre dans cette demeure le sel et le piment rien que pour vous voir arriver un jour à construire un avenir décent. Rien ne manque dans ma demeure paternelle, mais je mène ce combat-ci pour vous, Bocar, alors, bats-toi à mes côtés ! Refuse la déchéance et la honte, mon enfant, et reviens sur le droit chemin !... ».

Bocar interrompit son récit par un lourd et gros sanglot. Tas-de-muscles était lui aussi tout en pleurs. Amoul Yakaar essayait de les calmer, mais ne trouvait pas les mots adéquats. Il hasarda néanmoins une question qui lui vint à l'esprit :

— Qu'est-ce qui t'a alors maintenu dans la délinquance ? Les propos de ta mère ne t'ont rien fait ?

— Si, j'avais changé !

— Mais qu'est-ce qui t'a amené en prison ?

— L'amitié, grand, l'amitié ! Elle n'a pas de prix !

À ces mots, Tas-de-muscles sortit de son mutisme. «Grand, il est en prison à cause de moi. Chaque fois qu'il se redressait, c'était moi qui le ramenais aux mauvaises habitudes. Après cet événement, Bocar était resté sans histoire, absorbé même par son travail. Il me fréquentait toujours, mais nous n'avions plus le même comportement. Moi, j'étais moins visible dans toute cette histoire, sûrement à cause de ma mère qui avait gagné le respect dans tout Fakh Land. Pourtant, c'était moi la petite bête qu'il fallait domestiquer.

La nuit de la tempête chez Bocar, il est venu me voir à la maison et m'avait parlé comme à un adulte :

« Boy, je ne te suivrai plus dans tes bêtises ! Chaque fois que tu me le demandes, je fais des choses sans réfléchir. Et le grand perdant dans tout ça, c'est moi. J'ai raté mes études, perdu l'estime de mon père et la confiance de Monsieur Diome ; seules ma mère et la tienne croient encore en moi. Alors, je ne les décevrai pas, cette fois-ci ! Si tu ne changes pas, je ne te suivrai plus ! »

Il s'était levé et était parti comme il était venu. C'était la seule fois que je m'étais vraiment senti seul. J'avais même failli pleurer. Mais, au lieu de réfléchir à ses paroles, je me suis révolté contre lui et j'ai boudé sa compagnie. Quand il venait me rendre visite, je ne lui adressais pas la parole. Par la suite, je me suis fait de nouveaux amis et j'avais complètement coupé le fil qui me liait à mon ami. Ma mère eut vent de notre brouille et nous réunit un soir chez nous. Elle nous demanda les raisons de notre dispute ; moi, je ne répondis pas. Bocar lui raconta tout et ma mère s'en prit à moi : « Tu n'es qu'un vaurien ! Tu devrais sauter de joie à l'idée de ton ami ! Au lieu de cela, tu le boudes, alors que tu es à la base de tous ses problèmes ! Tu crois que je suis dupe ? Je sais que de vous deux c'est toi l'esprit tordu, donc s'il te demande de changer, tu ne devais que le suivre. Lui, il te veut du bien, il t'aime bien ; mais toi, tu ne penses qu'à ta personne ! ».

Ces paroles me révoltèrent davantage et je lançai à maman : « Je n'ai pas besoin de ses conseils ! Qu'il les garde ! Moi, je peux me débrouiller seul ; c'est plutôt lui qui a besoin de moi ! ». Et je quittai la réunion sous les insultes de ma mère.

Nous sommes restés séparés pendant plus d'un an, et je fréquentais une nouvelle bande de voyous commandée par un certain Kheuch, un jeune d'une vingtaine d'années. De son côté, Bocar avait repris le bon train du travail. Il se débrouillait si bien qu'il commençait même à seconder son père dans les dépenses.

Un an plus tard, son patron l'amena voir ses parents. Nous étions à la veille de la Tabaski. Les hommes de Fakh Land étaient sous haut voltage psychologique dans de pareilles circonstances. Les enfants aussi avaient la même effervescence dans la tête, mais pas pour les mêmes raisons. La Tabaski était pour eux l'occasion de vivre un bonheur inégalé ; à cette fête, ils devenaient le centre d'intérêt des parents, qui leur devaient – c'était plus qu'une obligation à leurs yeux – des habits neufs avec de jolies chaussures neuves, mais surtout un mouton pour que leur revienne dans la bouche le souvenir de la viande.

Le père de Bocar, Pa Ablaye Seck, dormait devant sa

baraque, le visage pressé comme une éponge. Imaginez un père de famille sans mouton la veille de la fête ! Il était resté aplani sur la natte et très fielleux. Soudain, une charrette s'était arrêtée devant la maison ; des personnes en descendirent et s'affairaient autour de bagages très variés. Les femmes et les enfants coururent voir et le bruit se fit plus sourd. C'était à présent des cris de femmes entremêlés de bêlements qui le tirèrent de sa cachette spirituelle. Il leva la tête et vit une foule amassée autour de son fils et portant beaucoup de bagages. Il se leva d'un bond et appela sa femme. La mère de mon ami sortit de sa baraque et tomba à la renverse : c'était son fils qui lui apportait l'honneur de sa vie, ce pour quoi elle avait trop souvent souffert. On déposa devant sa chambre un lit en bois rouge, un matelas, un rouleau de tapis en plastique, des condiments et autres ustensiles destinés à la Tabaski. Quand elle revint à elle, elle se dirigea vers la rue ; le patron de Bocar parla à Pa Ablaye : « Remercions le Ciel ! Votre fils s'est bien comporté depuis lors. Ce matin, lorsque je leur donnais leur paie – son premier véritable salaire – il m'a demandé de la lui porter chez vous. Il m'a aussi remis une somme qu'il avait gagnée en fabriquant de petits meubles qu'il vendait ; je lui gardais l'argent, parce qu'il m'avait confié qu'il souhaitait offrir à sa mère un lit, et à son père un mouton de Tabaski. Alhamdoulillah ! je vous demande tout simplement de prier pour lui, car il nourrit de nobles projets pour ses parents. »

Son père prit la parole et pria pour son fils pendant

que sa mère, elle, disparue un moment, revint en compagnie de Tante Magatte, ma mère. Elle dit au patron : « Malick, voilà celle qui doit parler, celle qui s'est battue pour ce jour : tout le mérite lui revient! Quand j'étais désespérée de Bocar, elle seule m'avait soutenue et elle n'a jamais lâché prise ». La belle Magatte au sourire de clair de lune remit très humblement ce mérite sous le compte de son père.

Et sa famille passa une excellente fête de Tabaski.

Les jours succédaient aux mois; et les années se suivaient, nous trouvant chacun dans le chemin qu'il s'était tracé. Moi, je suivais toujours la bande de Kheuch dans laquelle j'avais commencé à fréquenter une fille, Collé. Elle avait rejoint le groupe une après-midi, en compagnie d'un membre du groupe. Elle portait une robe jaune parsemée de petites fleurs noires en forme de trèfles; sous ses jambes, descendait un bas noir. À ses pieds, elle portait des sandales en cuir d'un jaune moutarde. C'était une fille de dix-huit ans environ, de teint assez clair, mais qui tenait déjà sur ses longues jambes, et sa poitrine bien saillante lui donnait un âge plus avancé.

Nous nous trouvâmes une attirance mutuelle dès cette après-midi-là; il avait suffi pour cela d'un seul clin d'œil, auquel avait répondu un sourire de nigaud.

Un autre soir, nous étions au début des vacances, je rencontrai Bocar sur la plage de la Corniche ouest. Le ciel était lourd et les maisons de Ndiobènetalène déversaient tous les jours leurs habitants au bord des plages…».

La sirène du couvre-feu de Ndoungoussiine venait de sonner la fin de la promenade ; les détenus se turent, ils redoutaient cette heure. Leur existence dépendait de cette sirène ; c'était elle qui leur indiquait tous leurs gestes : la sortie des cellules, leur fermeture, l'heure des repas, des visites, etc. Amoul Yakaar se leva, leur souhaita le bonsoir avant de rejoindre sa cellule-hôtel. Les deux amis se dirigèrent de leur côté, vers le quartier populaire. La nuit commençait à couvrir ce monde sombre et mystérieux comme le récit inachevé de ces jeunes. Amoul Yakaar pensait : «Encore des victimes de notre société !» Il se promit de leur demander la suite dès le lendemain : «Enfin, ça me changera de l'absurde qui m'a plongé ici.»

Ses gardes le ramenèrent à sa cellule où il passa la nuit, tourmenté dans ses pensées. Il ne se sentait plus en équilibre dans ses certitudes.

CHAPITRE VIII

La procédure fut accélérée et, trois semaines plus tard, ce fut le procès. Un procès qui sonnait comme un dialogue de sourds. En effet, le dossier monté par la partie civile contre Amoul Yakaar était infaillible aux yeux de l'avocat général et du procureur.

D'ailleurs, le premier jour fut très éprouvant. À peine les membres du barreau installés, le chef d'accusation lu, les témoins défilèrent à un rythme étourdissant. Ce fut d'abord les questions autour des comptes bancaires répertoriés au nom d'Amoul Yakaar. On en dénombrait une vingtaine éparpillée à travers le globe et portant sa signature. Les représentants de ces institutions furent formels ; interrogés, ils déclarèrent à la barre avoir reçu, lors de toutes les opérations, la présence d'un vieil homme à la barbe blanche, mais les papiers traités portaient toujours la signature et le cachet d'Amoul Yakaar. Un avocat de la défense demanda : «Ce vieil homme était-il son avocat ou son chargé des affaires ? Et comment s'appelait-il ?» Maintes fois posée, cette dernière question reçut la même réponse ; personne ne pouvait se souvenir de son nom. «Donc, reprit l'avocat, vous reprochez à mon client de détenir des comptes ouverts à son insu par un homme dont l'identité disparaît comme par enchantement? Que l'on me retrouve alors, Votre Honneur, ce soi-disant représentant! La défense exige la comparution de ce vieil homme mystérieux!»

Mais cela devenait une énorme énigme, car il semblait que cet inconnu avait des semelles de vent. Personne, même le plus rodé des agents de la Police d'Etat, ne parvenait à le débusquer. On lança un avis de recherche sur sa personne, mais comment rechercher quelqu'un qu'on ne connaît pas? Les «sorciers» de la police se rendirent à tous les endroits où il a été vu, mais personne ne pouvait l'identifier précisément; d'ailleurs, les témoins se contredisaient dans le portrait qu'on dressait de lui : pendant que les uns lui prêtaient une stature élancée et corpulente, d'autres gens le décrivaient comme un vieux chétif et de taille assez moyenne. Le seul physique trait sur lequel ils tombaient d'accord, c'était sa moustache ronde et blanche. Trop fragile comme indice, pour les enquêteurs.

L'audience de la première journée fut suspendue jusqu'au lendemain, pour le témoignage du vieil homme.

Du côté de l'assistance, les nerfs s'échauffaient. Les habitants de Ndiobènetalène ne pouvaient accepter l'absence du vieil inconnu à la barre. Une grande masse pensait que si la partie civile avait raison, elle aurait appelé l'homme à témoigner. Ignorant les rouages de la procédure, elle prenait pour mensongère l'évocation du vieil homme inconnu. « C'est de la pure invention », criait-on partout !

Chez Mère Awa, les fidèles clients avaient leur mot à dire. Cette fois-ci, même ceux qui l'ignoraient avant, tombaient d'accord sur l'idée qu'il y avait une absurdité derrière cette accusation.

Ceux qui suivaient de près la politique arguaient que c'était un simple coup vindicatif du Chef de l'État ; qu'il n'avait qu'à s'attaquer directement au père et laisser cet enfant tranquille.

Amoul Yakaar revint dans sa cellule plus dépité que jamais. Il n'arrivait pas à s'expliquer l'absurdité qu'il vivait et l'imbécilité de la cour à vouloir rechercher une preuve qui n'existait pas. Son père le rejoignit avec ses avocats. Ensemble, ils lui expliquèrent la stratégie à adopter pour le lendemain matin. Par respect au Docteur, il se tut pour ne pas exploser de colère devant cet homme qu'il vénérait, mais les propos des avocats l'importunaient.

Il dormit un peu après le départ de son père. À son réveil, il ne put avaler que les beignets de Mère Awa – elle les lui apportait chaque matin –, tellement il avait la gueule de bois, comme s'il avait bu. Et bien sûr, il était saoul de toutes ces bêtises et de toute cette incompréhension autour de sa personne ; il était saoul de cette notoriété qui lui tombait sur la tête et qui l'écrasait, tant il peinait de se voir quotidiennement faire la une des médias. Pourtant, il devait se ressaisir, car cette

absurdité n'en était qu'à son début, et les journées ris-
quaient d'être longues.

Le lendemain, la salle d'audience fut prise d'assaut par
une foule hétéroclite venue dans le même but de voir
ce procès toucher à sa fin. Tous voulaient être édifiés
sur la fortune du fils du leader de l'Opposition.

La séance reprit par la demande de comparution du
vieil homme responsable des innombrables comptes
de l'accusé. Mais à la surprise générale, le ministère
de l'Intérieur déclara ne détenir aucune information le
concernant, et que par conséquent, son témoignage ne
pouvait être recueilli séance tenante. Ce fut une grande
indignation dans le public, et un début de victoire pour
les avocats de la défense. En riposte, la partie civile
demanda que l'on reportât le passage du témoin et que
l'on passât au chapitre de l'immobilier.

Les présumés gestionnaires cités dans l'affaire passèrent à tour de rôle, chacun déclarant avoir été contacté
par un vieil homme, soit pour gérer un groupe immobilier soit pour le lui acheter à un très bon prix. Les
papiers justificatifs présentés à la barre étaient identi-
ques à ceux détenus par le procureur ; les faits conver-
geaient. Amoul Yakaar n'avait aucune chance face au
droit. Rien ne pouvait ébranler les preuves matérielles. Une fois de plus, l'avocat de la défense revint à la
charge avec sa terrible question : « Mais où est le vieil
homme ? S'il existe bien, qu'il comparaisse devant la
cour ! » L'avocat général s'énerva : « Maître, avec tout le
respect qu'on vous doit, vous nous importunez avec ce

vieil homme! Tenons-nous-en aux faits! Votre client détient une fortune non justifiable par le fisc, or vous savez mieux que quiconque que, dans ce pays, seules les preuves matérielles comptent!»

L'avocat sentit un point de gagné et renforça : «Raison de plus, Votre Honneur, pour le mener à témoigner! Seule la présence de cet inconnu pourra confirmer la culpabilité ou l'innocence de notre client; donc nous exigeons toujours son témoignage. Nous savons notre police est experte en matière d'investigation, alors qu'elle fasse l'effort de nous amener ce vieil homme à la barre! Il y va de la crédibilité de notre client! Qu'il vienne certifier avoir été mandaté par lui et le dossier sera clos!».

 Il avait parlé avec l'emphase que l'on connaît aux avocats quand ils sont en bonne posture dans un procès, créant un «han!» approbateur dans l'assistance; ce qui obligea le président du tribunal à menacer d'évacuer la salle. Enfin, le silence revint, permettant à l'avocat de la défense de poser sa énième question : «Et comment s'appelle ce vieil homme acheteur de groupes immobiliers au nom de notre client?» Le malaise s'installa de nouveau, car la réponse des témoins ne changea pas; ce vieil homme semblait effacer son nom de la mémoire des gens dès qu'il terminait sa transaction. Cette réponse, sortie de la bouche du témoin de l'heure, créa l'hilarité dans l'assistance. Encore une fois, le président brandit sa menace pour ramener l'ordre. L'avocat de la défense fit un geste de la tête à ses coéquipiers avant de placer un dernier mot : «Serait-ce un djinn? Votre Honneur, la cour ne pourrait recevoir des allégations aussi illogiques que celles entendues devant la barre. Si l'on veut sacrifier notre client, de grâce, que ça ne soit pas sur l'autel de la superstition!»

Cette fois-ci, c'est le président qui demanda la présence du vieil homme cité, avant de suspendre l'audience qui, dit-il, reprendrait dans deux semaines. Le pool d'avocats exultait, tandis que les gens quittaient la salle avec, dans le cœur, un certain dégoût envers la justice de Khouroumbouki.

Amoul Yakaar termina la journée en compagnie de son père. Le Docteur le persuada d'appeler sa mère; ce qu'il fit avec beaucoup d'hésitation. En fait, il redoutait plus la peine de sa maman chérie que ses remontrances. Bref, les retrouvailles se passèrent bien et Amoul Yakaar put enfin faire sa sieste, le cœur léger.

Vers dix-sept heures, il sortit pour rencontrer ses nouveaux amis. Il les trouva sous le hangar qui servait aussi de salle de visite. C'était une hutte aménagée devant le poste de garde, pour désengorger la salle principale, au grand bonheur des visiteurs et des locataires de Ndoungoussine. Il n'y avait pour seul mobilier, que des tabourets sculptés par les détenus dans les ateliers de formation artisanale.

Les jeunes nouveaux amis d'Amoul Yakaar étaient en compagnie d'une fille très belle, à la poitrine garnie, aux jambes galbées, hautes et bien propres. À sa vue, Tas-de-muscles afficha un sourire de bienvenue assez évocateur. Amoul Yakaar dévisagea la fille en demandant : «Collé?» La ravissante jeune fille se tourna vers la voix et révéla un visage radieux et inquisiteur. Bocar fit les présentations.

— Hé, grand, vous avez du flair!

— Comment l'avez-vous reconnue, grand? demanda Tas-de-muscles.

— Ce visage, ces jambes, vous les avez bien évoqués!

Il s'assit après avoir serré une main si tendre et très ravissante. Les salamalecs terminés, Collé demanda :

— Vous lui avez donc parlé de moi? J'ai honte, ils ont dû vous dire tout le mal que j'ai commis sur cette terre, souffla-t-elle en baissant la tête. Sa gêne la rendit encore plus séduisante.

— Nous ne sommes pas des anges, dit Amoul Yakaar, qui tentait de la mettre plus à l'aise.

— Et puis, tu sais que quand Tas-de-muscles t'évoques, c'est tout en bien, renchérit Bocar. D'ailleurs, je reprends mon récit.

«Grand Yakaar, je suis resté encore plus d'une année sans beaucoup voir mon ami. Il avait en effet, un nouveau centre d'intérêt, elle. Quand j'avais envie de le rencontrer, je me rendais chez lui le soir assez tard, espérant le trouver à notre place habituelle. Mais parfois, je ne voyais que Tante Magatte assise sur le tronc d'arbre abattu qui servait de banc Je lui tenais compagnie jusqu'à une heure très avancée de la nuit et rentrais chez moi, le cœur lourd d'avoir perdu un ami.

Quand, par chance, je le trouvais chez lui, il était toujours accroché à la robe de Collé. Une nuit, alors qu'il me balançait un « Salut, boy! » à peine audible, nous laissant sa mère et moi, sur le banc, la bonne dame me confia : « Bocar, ton ami est complètement perdu par le Diable. S'il avait suivi ton exemple, il aurait changé. À présent, son cas se complique, car, depuis qu'il fréquente cette diablesse, il ne dort plus qu'en sa compagnie. Ensemble, ils fument du « yamba ». Si la police découvrait cette drogue chez moi, que diraient mes ennemies? Bocar, tu dois tenter encore une fois de le persuader d'arrêter! Je crois que je ne mérite pas ce qui m'arrive, mon fils ».

Il faisait nuit, mais je sentais ses yeux inondés de larmes. Je lui promis de m'en charger et prenais congé d'elle, la gorge serrée. Rentré dans ma chambre, je ne pus fermer l'œil toute la nuit. Plus je pensais aux larmes de Tante Magatte, plus je me tordais de douleur dans mon lit. Je repensais aux nuits blanches que ma propre mère avait dû passer à cause de mes bêtises. Grand, ce n'est qu'une fois passé dans une épreuve que l'on comprend l'angoisse d'un parent. Cette nuit-là, je ressentis la peine de Tante Magatte.

Je me résolus, le lendemain, à agir. Je me rendis d'abord à l'atelier et demandai la permission à mon patron; il s'inquiéta, mais je le rassurai : « Juste une course à faire ». Vous ne pouvez pas deviner que ce fut ma dernière journée de travail.»

« Nous étions à la veille de la Saint-Valentin, tout

Ndiobènetalène circulait en rouge et noir. La fête des amoureux était plus qu'ailleurs célébrée par les bouki. Malgré la majorité musulmane, ce pays d'hyènes ne ratait aucune fête chrétienne ; l'on se demandait d'ailleurs quel profil de croyant avaient les boukis. D'aucuns parlaient de dialogue islamo-chrétien. Bon, passons !... La fête battait donc son plein quand je retrouvai Tas-de-muscles sur la falaise de la corniche ouest, à une place très reculée des bruits et peuplée d'euphorbes et d'autres types de cactus. Mon ami m'avait, un jour, indiqué cette place alors que, lui parlant, je lui demandais de me situer la place où, par malheur, je pourrais le chercher, en cas d'urgence concernant sa mère. L'accès à l'endroit était difficile. C'était un vieux fort abandonné et tombé en ruines. Pour s'y rendre, il fallait longer la falaise jusqu'à une dépression et descendre vers l'eau. Là, les vagues se fracassaient sur les rochers créant un bruit infernal. Enfin, pour accéder à la première marche de l'escalier qui menait au petit pont de l'entrée du fort, je devais sauter de rocher en rocher, dans le fracas assourdissant des vagues qui moussaient sous mes pieds.

Je retrouvai, ce jour-là, mon ami entouré d'une bande surexcitée. Dès qu'ils me virent, deux d'entre eux m'abordèrent violemment. Malheureusement pour eux, j'avais acquis ma ceinture noire en aïkido depuis déjà quatre mois. En fait, j'avais découvert ces hommes en jupe noire un dimanche matin sur la plage du Parcours sportif, à la corniche ouest. Depuis, je prenais régulièrement – mais secrètement – mes cours d'art martial au dojo du D.U.C.

C'est pourquoi je n'eus aucun problème à esquiver leurs coups et à les projeter sur le sol. Kheuch, leur chef, me sentant expert au combat, enleva son survêtement et se planta devant moi, un couteau à la main. J'eus un haut-le-cœur en apercevant le poignard, mais je contrôlai ma peur et, le regard plongé dans celui de mon adversaire, je dis à Tas-de-muscles : « Boy, dis à tes imbéciles de compagnons que je viens uniquement pour te parler ! Ta mère est très malheureuse ; elle ne mérite pas le chemin que tu prends. C'est elle qui m'a demandé de te parler… »

Je ne terminai pas ma phrase ; le bandit avait lancé un coup de couteau vertical dirigé de bas en haut. J'eus juste le temps de faire un pas en arrière avant de dévier la trajectoire du poignard par ma main droite, contrôlant le bras de l'autre ; de la gauche, je lui administrai un « atemi » – un coup dissuasif – d'une charge si forte qu'il laissa tomber son arme. Enfin, avec une rapidité et une technique bien exécutées, je le bloquais au sol. Il saignait du nez ; les autres se levèrent pour m'assaillir ensemble. Je vis mon ami jaillir de sa pierre, porter un coup de poing à l'un, un autre au second et tenir mes deux autres agresseurs en respect. Là, je reconnaissais mon ami Tas-de-muscles, celui qui surgissait toujours pour me protéger. Soudain, un coup de sifflet se fit entendre dans l'air. « Les sorciers ! », s'écria Tas-de-muscles. Tourné vers Collé, il lui lança : « File par derrière ! ». La fille disparaissait quand les flics nous encerclèrent. Depuis, nous avons atterri à Ndoungoussiine. Voilà, à cause de ce nigaud, j'ai perdu le début de vie que j'étais en train de construire. Tante Magatte a tout expliqué à mes parents, mais mon père ne m'a pas pardonné cette dernière sortie du chemin, et ce qui me fait le plus mal, c'est qu'il a interdit ma mère de me rendre visite. Seule Tante Magatte vient nous voir. C'est pour cela que j'avais pleuré la fois passée».

Amoul Yakaar les regarda un moment et leur confia : «Votre histoire a quelque chose d'identique à la mienne. J'en retiens aussi qu'on ne choisit pas sa vie et ses amis, et que l'amitié n'a pas de prix.» Les quatre amis discutèrent très familièrement jusqu'au coup de sirène. Collé prit congé avec ce même sourire de diva ; Amoul Yakaar rejoignit son coin, moins seul à présent.

Il passa, par contre, une nuit peuplée de cauchemars bizarres, des événements mêlés et sans liens visibles ; il se voyait traverser des bourgades à bord de véhicules qui changeaient de marques, de couleurs et de conducteurs à tout bout de champ ; il se voyait poursuivi par des bêtes féroces qui n'en voulaient qu'à lui, et, lui seul, dans cet univers hostile et inconnu, courait, courait, courait à perdre haleine… Parfois, c'était au sommet d'un minaret vacillant, ou alors, il se voyait combattre à la mitraillette des ennemis en treillis…

Son réveil fut brutal. En effet, rouvrant les yeux, il vit le vieil homme assis sur son turban, comme dans l'appartement. Il bondit du lit.

— Qui vous a fait entrer ?... Vous êtes ici depuis quand ?...

Le vieil homme sourit en se relevant prestement. Il déplia le turban, l'agita pour le dépoussiérer et se l'enroula autour du cou. Le prisonnier se démarqua vers la gauche de la cellule sans le quitter des yeux. Il cherchait de l'ordre dans ses idées, mais tout était en vrac. Le vieil homme le salua avec le même air et prit la droite. Arrivé à hauteur d'une chaise, il demanda :

— Toujours pas de tapis de prière ! Quand cesseras-tu de douter ? Ne vois-tu pas que tes affaires sont entre Ses mains ?

— Qui vous a fait entrer ? Ce n'est même pas l'heure des visites !

— Donc ce n'est personne, répondit le vieux en haussant les épaules.

Amoul Yakaar héla la garde ; le vieux resta de marbre. Les gardes accoururent dans la pièce : « Qui a fait entrer cet individu sans ma permission ? » Les agents pénitentiaires promenèrent leur regard autour de la cellule et se regardèrent, l'air hébété. Le prisonnier insista : « Faites-le sortir ! » Les agents ne bougèrent pas, n'ayant pas compris ce dont il s'agissait ; enfin, l'un d'eux se hasarda à parler : « Il n'y a personne, ici, monsieur, à part vous et nous ». Cette réponse rendit Amoul Yakaar tout coi. Il se sentit tout d'un coup ridicule ; d'un geste de la main, il les congédia. Après que les agents furent partis, il se planta devant le vieux, décidé :

— Qui êtes-vous ?

Le vieil homme sembla ignorer la question et lui rappela qu'il devait se procurer un tapis de prière. Amoul Yakaar serra les dents pour ne pas hurler; il était au bord de l'hérésie. De grosses gouttes de sueur perlaient sur son front; la cellule lui sembla soudain glaciale. Son esprit fut traversé par tant de choses qui ne lui disaient rien, mais qui, en ce moment précis, lui dessinaient une réalité difficilement acceptable. Ses membres devinrent brusquement flasques et il vacilla vers le lit : «J'hallucine!», se dit-il. Se tournant vers le vieux, il lui demanda :

— Êtes-vous un djinn? Que me voulez-vous?

— Là, tu viens de poser la bonne question! Il est plus intéressant de te demander les raisons de mon apparition à tes côtés, qui je suis n'a aucune importance pour l'instant. En tout cas, je suis en chair et en os. Et c'est tout simplement que je veux ébranler leurs certitudes. Ce lieu qu'ils prennent pour une prison n'en est pas une pour certaines personnes; je peux y entrer et en ressortir comme bon me semble… Fils, notre société, nous Africains, est complètement détruite par les lois des autres et leurs principes de vie. Nos autorités sont restées les nègres des Occidentaux et torpillent nos valeurs et croyances au profit de leurs maîtres blancs. Il est temps de leur imposer à notre tour, notre conception des choses!

— Mais qu'ai-je à voir là-dedans? Je suis de peau blanche, mais je ne dirige rien, ici.

— Tu es le soleil qui verra pointer à notre horizon,

un nouveau jour. Sache enfin que tu sortiras d'ici, et que tout ira bien pour toi.

— Vous me laissez quand même dans le doute !

— J'ai tout de même assuré jusqu'ici, non ? Bon, c'est l'heure de ton audience.

— Que faudra-t-il que je leur dise ? Vous n'existez nulle part ; votre présence dans ma vie ne tiendra pas à la barre.

— Alors, débrouille-toi, ne leur parle pas de moi !

Ils se quittèrent en ces termes quelques minutes avant l'arrivée des avocats. Ces derniers lui prodiguèrent beaucoup de conseils pour tenir jusqu'au dernier virage.

CHAPITRE IX

La nuit tombait sur les environs de Ndoungoussine. Le trafic devenait plus dense à cette heure ; les travailleurs, montés au Plateau depuis l'aurore, rentraient chez eux, le corps puant de sueur et l'abdomen bourré de sandwichs. La plupart de ces passagers qui empruntaient les «cars Teuf-teuf», habitaient la banlieue ; en montant sur ces véhicules où l'on retrouvait tout sauf du confort, ils bravaient leur dernière épreuve de la journée. C'était, en effet, un véritable parcours du combattant qu'il fallait endurer avec abnégation. Si l'on voulait arriver chez soi avant vingt et une heures, il fallait sortir de son lieu de travail sans traîner, se diriger d'un pas pressé vers la Gare routière Bagnkat, jouer des coudes pour trouver le car en partance vers sa destination et se procurer une place. Parfois, on était si exténué qu'on se contentait de n'importe quelle place, même le *wersaille*[1], ce banc de plus colmaté à l'arrière du véhicule. Quand on s'y asseyait, on avait les pieds coincés et

____

1. « *wersailles* » : banc en traverse disposé dans les cars et les bus, au Sénégal, entre deux rangées réglementaires. Cette appellation fait penser au Palais de Versailles.

soulevés par les corps comprimés qui voulaient tenir dans un morceau de bois réservé normalement à deux passagers. Arrivés à hauteur de la mosquée de la Cité Police, le passager de Tableau Baraada à Yoonu dof ressentait un petit soulagement, celui de voir le bout du tunnel.

L'agent de police, Aminata Sow, alias Collé, sortait de Ndoungoussiine quand son portable sonna. Elle reconnut le numéro de son patron. Avec délicatesse, elle décrocha : «Oui, Boss ? Ok, je monte, je suis à quelques pas… Non, toujours pas grand-chose, le prisonnier est difficile à percer ; il ne parle pas de ses affaires et pose beaucoup de questions à ses…»

L'agent Collé n'eut pas le temps de finir sa phrase, un véhicule débouchait du côté de la rue venant de la poste de Boulfaale, à toute allure. Le conducteur eut heureusement assez d'habileté pour freiner à temps. C'était une 4X4 de couleur grise aux vitres teintées. Entendant le crissement des pneus, Collé avait tourné la tête et, sautant à reculons, elle se replaça sur le trottoir. « Encore un de ces imbéciles de parvenus qui se croit tout permis ! se dit-elle. Mais elle garda son sang-froid : un agent en couverture n'avait pas droit à l'imprudence. Elle vit la vitre du véhicule se baisser et, reconnaissant son passager, elle se résolut à sourire ; l'homme la regarda et elle se dirigea vers lui : «Un gros poisson !» se dit-elle encore.

Elle traversa la rue d'un pas élégant et provocateur. Le pantalon en satin marron qu'elle portait lui collait au corps et mettait en exergue toutes ses parties inférieures ; elle l'avait assorti d'un haut en coton mauve avec, en fleur de lys, un nœud bien incrusté dans le delta de sa poitrine. Le doyen Mar Diaw reçut incognito une décharge électrique qui lui remit les batteries pleines. Il revenait d'une après-midi d'ébats bien remplie chez son deuxième bureau, une veuve rencontrée il y a trois mois et qu'il aidait à effacer le souvenir de son défunt mari. Il faut dire que Mar Diaw avait un faible pour les femmes. Obnubilé, il ne pouvait garder son sang-froid devant une paire de fesses en mouvement, surtout si c'était un pantalon bien rempli et balancé si effrontément – comme savait le faire Collé.

Le doyen virait à gauche de la rue passant devant la Cité Police lorsqu'une silhouette traversa la route sans crier gare. Il freina de justesse ; sa 4X4 crissa des pneus sur l'asphalte et, redoublant de force, le doyen dut se cramponner au volant pour maintenir le véhicule dans son axe. Une colère subite le posséda ; il jura en revenant en arrière, mais à la vue de la silhouette, il se ravisa et sourit. Ce visage d'ange et ces jambes de gazelle ne devraient pas traverser la route si imprudemment ! La silhouette redressa son menton et découvrit le visage radieux d'un bouki flairant de loin de la viande fraîche. Pendant que Collé s'avançait vers la 4X4, Mar bavait déjà ; une sueur subite lui traversa le dos, mouillant la chemise noire qui contrastait bien avec son costume beige. À presque deux mètres du véhicule, il se lança dans son jeu de séduction : « Mon Dieu, je suis incorrigible! Oser déranger la tranquillité d'une si belle perle!» Collé reconnut le visage du dragueur, le No 2 du Parti de l'Opposition, M. Mar Diaw en personne, l'homme le plus proche du chef de l'Opposition – le père d'Amoul Yakaar Ndiaye – c'était vraiment une chance d'être tombée sur un si gros poisson. Elle feignit de ne pas le connaître : «Pardon, mais, vous conduisez mal!», lui rétorqua-t-elle dans ce visage qu'elle savait sévèrement charmeur. Le doyen était conquis; il se troubla un peu et se confondit en excuses : «Vous avez raison, ma jolie. Comment me faire pardonner pour avoir assombri ce ciel de mai?»

Collé allait répliquer, mais il ne lui en laissa pas le temps : « Je vous propose – si cela ne vous dérange pas, bien entendu – d'aller prendre un pot au Madison Blue; je souhaiterais réparer mon erreur». Il dit ces mots presque en la suppliant. Collé joua le jeu de la fille difficile avant d'accepter. «Mais il faut que j'avertisse ma mère!», dit-elle enfin. Elle prit son téléphone et appela son chef : «Maman, je vais rentrer un peu tard, vous pourrez dîner sans moi»; elle raccrocha, prit place à côté de Mar. La 4X4 fit demi-tour et longea la Corniche.

À l'autre bout du fil, le Commissaire Divisionnaire Gora Seck, avait compris que le rendez-vous était annulé. Cette phrase faisait partie de leur code secret de communication : quand l'agent annonçait son absence au dîner, cela voulait dire qu'il avait aussi une nouvelle piste à explorer; et le fait de vite raccrocher montrait que la cible était toute proche. Le Commissaire sourit de fierté à l'endroit de son agent. «Leçon sue!», dit-il à l'endroit de la fille. Se tournant vers le reste de l'équipe, il dit : « Collé a une nouvelle piste, l'autre ne donne rien du côté de Ndoungoussine. On laisse le plat chauffer! R.V. demain au bureau! Tony, tu restes en alerte, au cas où elle aurait besoin de renfort! Et puis, tenez-moi au courant!». L'homme à qui il s'adressait était un athlète bien debout sur ses cent kilos. Il portait un près-du-corps vert olive avec un jean bleu foncé, et des baskets noirs. C'était celui sur qui il fallait compter dans l'équipe, car en cas de pépin l'on pouvait compter sur ses muscles. Il avait le crâne rasé et une barbe noire et touffue le rendait davantage grave.

La Direction Générale de la Sûreté Nationale était logée dans un grand immeuble de cinq étages qui occupait tout un carré dans le lotissement du Plateau, formant ainsi un bloc imposant. Dans ses locaux, était centralisé l'ensemble des services spécialisés de la police, notamment la division spéciale des renseignements généraux, une équipe de choc affiliée au Bureau National d'Investigation sur les Richesses du Peuple, pour l'appuyer dans ses enquêtes. En fait, le dossier du présumé Amoul Yakaar était devenu trop mince à cause du vieil inconnu cité à la barre et dont la comparution avait été demandée par le Président du tribunal. Il fallait, en attendant de mettre la main sur ce vieux aux semelles de vent, trouver le moyen de faire parler le détenu. La stratégie de l'infiltration fut adoptée par le Commissaire Principal, Directeur de la Sûreté Nationale qui confia la mission au Commissaire Gora Seck. Ce dernier était à la tête de la meilleure équipe d'infiltration – et cela tombait bien –, car celle-ci venait de démanteler un important réseau de trafic de chanvre indien, et d'envoyer en prison l'une des plus violentes bandes d'agresseurs de ce trafic. Collé était l'agent infiltré. Son physique et son talent lui permettaient d'adopter toutes les tranches d'âge. Elle excellait surtout dans l'art de se changer en jeune adolescente vagabonde. Pourtant, au début, il lui fallait prouver et assurer, car le Commissaire Seck avait confiance en elle, mais c'était sa première mission dans ce secteur qu'elle s'était donné du mal à intégrer, ce qui rendait le Commissaire anxieux. En effet, en service dans la police depuis trois ans, Aminata Sow – alias Agent Collé – rêvait de mission sous couverture, loin des routines de ses collègues en tenue. Le jour où elle reçut de ses supérieurs l'autorisation de se présenter au test de présélection de la division spéciale, elle se sentit tellement excitée que son patron la libéra de la journée.

Sa mission de débutante lui paraissait très facile et elle la réussit à merveille : elle devait intégrer un groupe parmi les cinq bandes de malfaiteurs localisées à travers les falaises de la Corniche ouest et rendre compte de leurs zones d'approvisionnement et d'écoulement de leurs marchandises. Elle était partie en reconnaissance et avait observé les membres du groupe C, la dénommée « Bande à Kheuch ». Un jeune costaud l'y intéressait,

Tas-de-muscles. Elle l'utilisa comme point de chute dans la bande. Ayant senti un point faible chez ce nigaud, elle lui fit tourner la tête, lui fit goûter au chanvre et, l'ayant devancé dans le groupe, elle persuada Kheuch de le prendre pour en faire un bon chien de garde. Ce ne fut pas difficile, sa capacité de séduction aidant. Kheuch l'avait cependant testé aux poings avant de l'admettre : le fait était qu'il ne fallait jamais rivaliser de coups de poing avec Tas-de-muscles, c'était son fort.

La bravoure de l'agent Collé était louée et l'équipe du Commissaire Gora SECK sollicitée pour approcher le présumé riche – sans raison –, car il partageait maintenant la même cour que ceux qu'elle avait envoyés en prison à leur insu. La couverture de la petite amie du nigaud prévalait toujours et elle l'utilisa.

Sa première visite à Ndoungoussine fut empreinte d'émotion. Elle avait repris ses airs de jeune fille vagabonde. ; il lui suffisait d'un brin de négligé dans ses cheveux et son maquillage pour faire l'affaire. Elle avait attendu l'heure des visites pour les retrouver sous le hangar avec un sachet rempli de fruits. Versant de sincères larmes de crocodile, elle leur jura fidélité et soutien. Pendant des semaines, elle se rendait très souvent à Ndoungoussine. Profitant d'une brèche, un jour, alors qu'ils discutaient d'avenir, elle demanda à Tas-de-muscles s'il avait au moins planqué une partie du magot qu'ils avaient amassé avant la descente de la police. Son copain lui répondit qu'il avait tout dépensé.

Évidemment, elle connaissait déjà la réponse, mais elle voulait en profiter pour approcher Amoul Yakaar par une autre question :

— Et vous, grand Ndiaye, si jamais la justice vous confisquait toute votre fortune, que feriez-vous ? Vous ne m'avez pas l'air d'un dépendant.

Amoul Yakaar sourit à l'idée du plaisir que lui procurait cette question :

— J'en serais ravi, dit-il, le sourire aux lèvres, parce que voyez-vous, cette fortune que je n'ai jamais vue m'a cloué dans ce trou et a braqué tous les regards sur moi alors que je ne sais même pas de quoi il s'agit.

— Ce n'est pas votre fortune ? demanda encore Collé.

— Non ! C'est la triste vérité. Mais, poursuivit-il, cela m'a quand même été bénéfique…

— Comment ça ? demanda Bocar.

— Cela m'a débarrassé de mon bailleur et… je vous ai connu, vous.

— Mais le vieil inconnu, il existe ou pas ? C'est tout de même incroyable qu'un homme vous colle une fortune de cette taille sans que vous n'ayez aucun rapport ! reprit Collé.

C'est Bocar qui répondit à cette question : « C'est possible, hein ! Il y a des choses qui relèvent du domaine de l'irrationnel. J'ai entendu parler, un jour, de ce genre d'aubaine que l'on pouvait se procurer auprès de Serigne Aadjo, le fils du grand Serigne Bawol, qui, dit-on, réalisait les vœux par un simple « Qu'il en soit ainsi ! ». On raconte qu'une fois, un homme bourré de dettes s'était rendu chez lui pour qu'il l'aidât. Le Marabout lui a répondu par la même formule, et il lui a dit : « Accepte tout ce que tu rencontreras en chemin ! ». L'homme rebroussa chemin sans rien voir, pensant même que la puissance mystique de Serigne Aadjo n'était qu'un mythe inventé par ses talibés pour le déifier. Il avait pris un car « Teuf-teuf » et, au moment de descendre du véhicule, quelqu'un lui tendit un gros sac en lui disant : « Vous avez failli oublier ceci. » L'homme se souvint alors des conseils du Serigne et emporta le sac. Arrivé chez lui, il l'ouvrit et y découvrit des centaines de millions. »

Amoul Yakaar sourit encore, demandant au narrateur du moment : « En ce troisième millénaire, vous croyez toujours à ces choses ? » À cette question, Bocar hocha la tête – de pitié surtout, pour ce demi toubab «sans assise culturelle», pensa-t-il et lui répondit : «Grand, les millénaires n'ont pas éliminé ces choses réelles ! – elles les ont tout simplement cachées ! D'ailleurs, au Saloum, on entend parler du génie de Saala Menteng : on raconte qu'il vous apparaît sous la forme de l'animal dont vous avez le plus peur et vous demande de formuler sans tarder votre vœu qu'il réalise sur-le-champ !»

Ce jeune détenu ne se doutait pas qu'au fond de lui-même, Amoul Yakaar approuvait ses paroles.

L'agent Collé savait que cet homme était décidé à ne servir que la réponse de l'innocent. Était-ce par pure stratégie ? Le doute commençait à naître dans son jugement. Ce gentil mulâtre lui paraissait soudain sympathique. «Cette piste ne donnera rien», se dit-elle en tapotant la cuisse de son copain.

Elle termina l'après-midi en jouant parfaitement son jeu de gamine élevée dans la rue. Quand elle sortit de la M.A.C.[2], elle pensa aller à GT avant de descendre au Bureau. C'est là que son téléphone avait sonné : son patron l'appelait dans une chambre de la Cité Police réservée à l'équipe.

***

Mar Diaw commençait bien à apprécier la présence de Collé, cette jeune fille était une tigresse au lit. Elle savait le plonger dans des fantasmes trop forts et, à la longue, il ne pouvait plus passer une journée sans la voir. De son côté, Collé n'avait qu'une certitude : ce cinquantenaire détestait le fils de son Secrétaire général et souhaitait qu'il demeurât en prison.

Elle s'en ouvrit au Commissaire Seck. Cet homme, au regard profond comme son esprit, ne laissait jamais une allégation sans justification. Bien coincé dans sa chemise en pois bleue, il demanda à son agent :

— Quel intérêt a-t-il de voir ce jeune homme en prison ? Certes, il ne l'aime pas, mais pour quelle raison ?

____

2. Maison d'arrêt et de correction

114

Aurait-il fomenté toute cette histoire pour écarter l'héritier légal du parti ? Nous le connaissons bien. Il est très tordu et capable du pire pour arriver à ses fins. Donc, ne négligeons aucune piste avec ce vieux dinosaure !

Il sortit de sa poche une petite chaîne dorée et la lui tendit : «Tiens ceci et attache-le à ta cheville !» Collé le taquina : «Boss, seriez-vous amoureux de moi ?»

Gora éclata de rire, plissant ses yeux de vieux futé ; il aimait bien ces petites taquineries dans le groupe, cela les rapprochait davantage ; mais il aimait bien aussi cette jeune fille qui avait sacrifié toute sa vie, son honneur, son corps, ses sentiments, pour servir la Sûreté nationale. Il l'aimait bien comme agent sous ses ordres, mais aussi comme la seule jeune fille qu'il a eue de ses années de mariage, et qui a le même âge qu'elle. Parfois il avait envie de la persuader de quitter ce milieu de crimes et de se faire une autre vie, mais le serment du service l'en empêchait. Pourtant, il savait que Collé avait un fort penchant pour le sexe, et qu'elle profitait de toutes les occasions qui s'offraient à elle pour se faire monter comme une chèvre. Ceci n'était pas sans risque pour les missions qu'on lui confiait, mais, connaissant le fondement du comportement déviant de son agent, il ne lui restait qu'à la protéger de son mieux. Il lui expliqua : «Cette chaîne n'est pas un simple bijou, tu dois t'en douter : un émetteur est incrusté sur la boucle de fermeture ; nous avons un transpondeur qui reçoit ton signal et nous permettra de te suivre. Si tu as besoin de secours, tu appuies dessus et le bouton rouge du transpondeur s'allume… Ce vieux bouki aime les suites d'hôtel, donc, Tony ne pourra pas te suivre partout, mais avec ça, nous serons toujours à tes côtés.»

Collé eut subitement le cœur serré ; elle savait que cet homme réputé pour son caractère dur cachait bien un cœur paternel. Elle s'attacha son bijou et lui demanda :

— Vous n'avez plus confiance ?

— C'est ce vieux caïman qui ne m'inspire pas confiance ; il est très rusé, alors, je prends mes devants. Bon, file !

La fille les embrassa tous et partit en coup de vent. Le Commissaire dit à Tony : «Ne quitte pas ce transpondeur des yeux, et reste toujours dans un rayon de cent mètres, si possible !»

CHAPITRE X

Une semaine passa durant laquelle l'agent Collé ne s'était pas séparé de sa cible. Elle se faisait plus douce et plus désirable aux yeux de Mar Diaw qui lui laissait à présent, une suite au Madison Blue. Elle en profitait d'ailleurs, car le service ne se faisait pas prier. Le doyen bouki y avait passé trois nuits avec elle, mais ce jeudi matin du huitième jour, Collé s'était réveillée seule dans son vaste lit. Elle commanda un bon petit-déjeuner avant de prendre sa douche pour sortir. Elle avait entendu la veille, le bouki tancer un jeune responsable du parti qui lui confiait son désir de créer un mouvement de soutien pour la libération du fils du Docteur. Il avait réagi violemment à cette idée et avait même menacé le jeune homme d'exclusion de l'instance de décision, si jamais ce projet voyait le jour parce qu'il avait l'intention de rester le numéro 2 et de se faire élire Président de l'Assemblée nationale, si le parti remportait les prochaines élections. Collé commençait à trouver des réponses aux questions du Commissaire Seck.

Bien lavée et parfumée, elle prit un taxi et se rendit au Bureau. Son rapport fut plus qu'intéressant pour le

Commissaire. Tony pensait aussi que le cas d'Amoul Yakaar était un coup monté par ce vieux bouki de Mar Diaw. C'était l'avis de l'équipe ; alors une autre question du boss se fit entendre : «Comment a-t-il pu monter un dossier si solide avec des évidences si pertinentes ? Tony, revoit tous les dossiers des personnes citées dans l'affaire ! Quant à toi, Collé, continue à le fréquenter, c'est bien ! Et cesse de…». Le Commissaire se tut ; Collé n'admettait pas de remarques sur ses déviances sexuelles. Le boss évitait de la frustrer davantage : «… Ça va, file !», se hâta-t-il d'ajouter.

Collé sortit de la Direction générale de la Sureté Nationale. Sur les dernières marches, elle rencontra un ancien co-équipier avec qui elle causa un peu avant de disparaître. Elle avait un plat de soupou kandja – riz à la sauce gombo – à cuisiner pour ses amis de Ndoungoussine. Elle se rendit au marché du port, acheta des condiments d'excellente qualité et se dirigeait vers son petit appartement situé dans un immeuble à cinq étages, non loin de là. Soudain, elle se sentit observée et suivie. Elle fit tomber un sachet et, se courbant pour ramasser les légumes par terre, elle scruta les environs. Elle remarqua Tony derrière le volant d'une voiture banalisée de la police. Son ange gardien n'avait pas l'habitude de se faire prendre en filature. Elle y vit une marque d'affection. Se relevant, elle lui fit un signe d'alerte qui signifiait «Tu es trop près, recule !». Tony lança un juron avant de glisser son véhicule un peu plus loin de l'immeuble.

De loin, un homme suivait ce petit manège et bouillait de colère. C'était le doyen Mar Diaw qui regardait la scène avec dégoût et se délectait du défi que lui lançait cette débutante de «sorcière». Il avait pourtant passé une fade nuit aux côtés de son épouse, pensant aux délices qu'il ratait du côté du Madison Blue. Son réveil fut matinal, mais il resta jusqu'au petit-déjeuner pour annoncer à son fils son cadeau d'anniversaire. En fait, il lui avait préparé des papiers pour l'emmener aux USA, le secteur de l'éducation scolaire du pays devenant de plus en plus agité : la rentrée promettait de nombreuses revendications. Le mieux pour lui était de faire comme ces responsables politiques boukis qui sauvaient leurs progénitures des remous d'un système éducatif déjà malade.

Bathie sortait encore endormi de la douche. Sa mère lui fit la remarque :

— Tu vois, Mar, ton fils est encore rentré aux aurores ! Et il sentait encore l'alcool !

— Oh, maman, c'était que de la bière ! Papa aussi en prend, ici !

— Tu vois comment il me répond ?

Mar intervint : «Hé, ça va ! D'ailleurs, tu vas dire au revoir à ton fils, car il part aux États-Unis dans dix jours. Un de mes amis du Bureau des passeports m'a appelé hier, je passerai tout de suite retirer le tien, Bathie. Pour le visa, c'est déjà acquis : tu voyageras grâce à ma *Green Card*[1].

Le fils sauta de joie, sa mère, elle, y voyait le plus sûr moyen de perdre son fils définitivement. Le repas du matin se passa dans l'allégresse pour les deux garçons à table.

Vers dix heures, il prit la Toyota et roula vers la Direction de la Sureté Nationale ; il pensait récupérer les papiers de son fils et filer rapidement rejoindre sa douce féline, celle qui avait usurpé le titre du deuxième bureau à la veuve de Boulfaale. Arrivé sur les lieux, il trouva une pile de véhicules et beaucoup de monde devant l'imposante bâtisse ; il se chercha un coin pour se garer, à quelques mètres de l'entrée principale. Le moteur coupé, Mar relevait les vitres de la voiture lorsqu'il aperçut une silhouette qui lui parut familière. Il regarda bien et ce qu'il vit lui fut comme un coup de gourdin sur la nuque : Collé, sa chaude chatte, sa douce féline, discutait fièrement avec un agent en tenue, et venait de se mettre au garde-à-vous devant un gradé qui passait ! « Cette putain est donc une flic ? », se dit-il. Mais ne voulant pas y croire, il se décida à la suivre pour en avoir le cœur plus net. La jeune flic prit un taxi un peu plus loin et roulait du côté du port. Arrivée à hauteur du marché, elle descendit et se mêla aux acheteurs. Le marché du port était l'endroit le plus prisé par les ménagères de la capitale, on pouvait y trouver toutes les marchandises devenues rares à un bon prix.

---

1. *Green Card* : un document ou carte qui donne à un étranger le droit légal de séjourner sur le territoire américain.

Les femmes s'y rendaient surtout pour la qualité des produits vendus par les femmes du Sud et les Maliennes. Elles s'y ravitaillaient en poisson séché ou fumé, en seiche et autres fruits de mer, en plus de l'huile de palme de première classe qui leur arrivait directement de l'île de Karabane.

Mar la vit sortir, une demi-heure plus tard, portant de gros sachets en plastique, mais cette fois-ci, elle ne héla pas de taxi ; elle se dirigea vers une rue qui virait sur la droite à l'Est du port. Il démarra prudemment et la suivit à environ cent mètres. Dans une rue qu'elle venait de prendre, il la vit soudain lâcher un des sachets et se courber pour ramasser sa marchandise. Mais le vieux félin remarqua une gestuelle exécutée à l'endroit de quelqu'un ; il chercha des yeux et vit une Peugeot 205 banalisée, de couleur beige, démarrer et se ranger un peu plus près de lui. Il sut que c'était un flic et s'empressa de reculer pour ne pas se faire remarquer. Heureusement pour lui, Collé ne connaissait pas la Toyota.

Sorti de la rue sans s'être fait remarquer, il se gara à un parking privé. Il resta ainsi cloué à son siège pendant quelques minutes avant de prendre son portable. Ses gros doigts pianotèrent sur l'écran du smart phone et il attendit ; au bout du combiné, on décrocha et il s'empressa de dire : « Trouve-moi un garçon, j'ai la fille ! » Il raccrocha aussitôt, et la Toyota quitta le parking en trombe.

CHAPITRE XI

La nuit tombait sur Ndiobènetalène. La lune, ronde dans un ciel hivernal, se blottissait par endroit, dans les nuages. Il venait encore de pleuvoir et la ville, une fois de plus, s'était gorgée d'eau à s'y noyer. Dans la banlieue, les habitants des zones inondées ne fermaient plus l'œil depuis les premières pluies. Partout, le même tableau se dessinait : des femmes et des hommes de tous âges s'armaient de seaux, de pelles et de tout ce qui pouvait aider à creuser des ruisseaux pour évacuer les eaux. Celles-ci avaient, en effet, assiégé les populations jusque dans leurs salons. On entassait sur les terrasses des maisons mobiliers, bétails et enfants.

Cette nuit d'hivernage semblait être celle qu'Allah attendait pour ouvrir grandement ses vannes et arroser la capitale d'une façon si effrontée que même les muezzins boudèrent les mosquées. Encore une nuit blanche à passer sous les cordes, à chasser cette eau qui s'engouffrait jusqu'aux pores des corps humains. On pataugeait dans la boue ; les pieds enfoncés à des dizaines de centimètres dans le sol, et l'on s'organisait en équipes d'une maison à l'autre. Malgré tout, cette armée de misérables citoyens restait submergée par cette nouvelle peste, l'eau de pluie.

Comble de misère, l'électricité quitta cette boucle du centre-ville, laissant dans le noir des cœurs sombres de dépit et de boue.

Vue du ciel, l'on pouvait le Plateau ressemblait à un trou de lumière dans une immensité de ténèbres. Là était le paradis terrestre des boukis en période d'hivernage, car c'était la seule zone qui vivait encore loin des tentacules dégoûtants des eaux de ruissellement. Dans cette partie de Ndiobènetalène la vie suivait son cours nocturne malgré la pluie qui était moins dense là-bas. C'était dur à avaler, mais c'était comme si Allah Lui-même avait pris cause et fait pour les plus nantis et oubliait les miséreux des banlieues. Allez savoir, si le ciel choisissait ceux qu'il fallait inonder…

Du côté du port, les maquis ne désemplissaient pas. La fine pluie qui tombait ne pouvait pas arrêter l'envie de plaisir de nombreux boukis. Car du plaisir, il y en avait et à tous les prix. En face du port, existait un maquis réputé pour la fraîcheur de sa boisson, la succulence de ses plats et de ses filles. Bathie en était un habitué. Il avait découvert ce bordel le jour où son père lui avait tendu une liasse d'un million de francs et lui avait prêté, pour la première fois, la Toyota. Voulant fêter la liberté, il avait décidé cette nuit-là, de goûter à la boisson que consommait son père, mais à laquelle il n'avait droit qu'à un seul verre. Cette fois-ci, il pouvait se payer toute une bouteille à lui seul.

L'endroit était une cour carrée à laquelle on accédait par un petit couloir à droite duquel se trouvait un comptoir. Au fond de la cour, face à ce comptoir, un autre couloir s'ouvrait et conduisait à une rangée de chambres de passe. Au milieu de la cour, un carré de carreaux de couleur bigarrée désignait la piste de danse. Des individus de tout sexe et de toutes les catégories d'âge et de poids se trémoussaient sous la musique assourdissante et toujours changeante d'un DJ qui restait invisible. Bathie avait garé la Toyota un peu plus loin et avait marché à pied jusqu'à la porte du bordel. Par mesure de prudence, il devait s'assurer que même s'il y rencontrait son père, il pourrait vite s'éclipser, car Mar Diaw ne tolérait pas qu'il fréquentât ces milieux. Il pouvait aller brûler son million au Madison, à l'Hôtel Le Roi, ou ailleurs, dans un cadre plus accueillant, mais pas dans le maquis. Par chance, il n'avait pas rencontré, cette nuit-là, son coureur de papa.

Encore une fois, il s'était rendu à cet endroit pour vivre sa liberté d'enfant gâté à qui l'on n'avait rien défendu, si ce n'était le maquis. Le seul hic, c'était que, depuis quelques jours, il n'avait plus la Toyota, sa mère ayant mis à exécution sa menace. Il s'y était donc rendu en taxi, sous la fine pluie du plateau. L'endroit était plus animé que d'habitude ; des hommes bourrés de bière zigzaguaient sur la piste mouillée. Bathie se demanda d'ailleurs ce qui les empêchait de tomber. Il portait une toile noire et un jean délavé gris avec, à ses pieds, une paire de Nike blanche émaillée d'éraillures noires sur les bords. Cette nuit-là, il avait encore une liasse à flamber au plaisir de la jeunesse insouciante. Il s'était assis au comptoir et avait commandé une bière avec un citron. La serveuse la lui porta avec un sourire intéressé ; mais cette fois-ci, le jeune Diaw en voulait à une autre catégorie, il rêvait de goûter au sexe mûr. Il confia cela à un homme assis à ses côtés. Ce dernier avait acquiescé et lui avait proposé de lui en chercher sur-le-champ, moyennant quelques billets. Bathie lui en tendit quatre de dix mille ; l'homme se leva et disparut dans le couloir du fond. La fille du comptoir affichait toujours son sourire intéressé, mais qui disparut dès qu'elle vit l'homme revenir du couloir avec une dame bien bâtie, aux rondeurs de vache. C'était une femme mûre comme ces mangues juteuses exposées sur les étals des peulhs fouta, une «diriyanké» comme les aimait son papa. Le maquereau se pencha à son oreille et lui chuchota : «Vas-y, suis-la ! Elle t'appartient pour la nuit». La putain le toisa avant de lui lancer l'offensive des préliminaires : «C'est toi qui veux te frotter à plus fort que toi ? Tu risques de regretter d'avoir commandé outre que ta bière. Allez, viens !» Elle repartit d'où elle était venue, tirant Bathie par le bras. Le jeune homme avait un peu peur, mais il était surexcité par l'envie de la découverte. La pute l'entraina dans le couloir du fond.

Vers deux heures du matin, elle ressortit et dit à l'homme, resté au comptoir pendant tout ce temps : « Il est à toi ; il dort comme un nouveau-né». L'homme la paya, termina son verre et fit signe à un autre gars, lui aussi assis en retrait depuis le début de la soirée. Ensemble, les deux hommes s'engouffrèrent dans le couloir et en ressortirent, deux minutes plus tard, soutenant le jeune Diaw qui trainait les pieds. Personne n'y prêta attention, car ce genre de situation était fréquent dans le maquis.

Ils sortirent et soutinrent le gosse à demi inconscient, jusqu'à une Carina bleue sombre, garée un peu à l'écart, sur l'autre trottoir. Bathie marmonnait des phrases incompréhensibles, la tête pendue vers le bas. À hauteur des portières arrière, le meneur lâcha sa prise et s'engouffra dans le véhicule. Il ouvrit la portière à l'autre qui coucha le jeune homme sur le siège arrière. Ils lui muselèrent la bouche et lui bandèrent les yeux. La voiture démarra et, quittant les rues du port, elle s'engagea sur l'autoroute à péage qui reliait Ndiobènetalène à la Capitale du rail. Le meneur du duo conduisait ; il paraissait ravi de sa prise. Fouillant d'une main dans son jaquet, il sortit un portable et appela : « Boss, nous avons le jeune homme… D'accord, au site dans une heure maximum ! » Il raccrocha. Il ne se doutait pas qu'il offrait au vieux bouki le cœur de son propre fils.

De son côté, le Doyen Mar Diaw exultait. Jamais ses plans ne s'étaient réalisés aussi facilement, on lui offrait sur un plateau d'argent les deux vies dont il avait besoin pour le sacrifice. Depuis le matin, il pressait ses hommes de lui trouver un jeune homme avant la fin de la nuit. Il ne se doutait pas cependant qu'on lui amenait son fils sur l'autel du sacrifice.

Quittant le parking où il s'était garé le matin, il s'était rendu à sa suite du Madison Blue, l'air plus que jamais amoureux. Pourtant, il contenait mal sa colère contre cette putain, cette Collé, qui voulait le rouler. Il sourit néanmoins, à l'idée de devoir la tuer pour accomplir ce pour quoi elle le surveillait. Ce serait sa revanche sur ces «sorciers» qui s'occupaient trop de ses affaires.

Collé le rejoignit un peu tard dans l'après-midi, au Madison Blue. Elle s'était encore faite plus belle, ses jambes de gazelle moulées dans un ensemble en lin de couleur mauve. Mar la posséda tendrement avant de lui servir un verre bien glacé de scotch anglais, du fond du bar ; la fille se leva et s'assit au milieu du lit pour siroter son verre. Quelques secondes après, elle sentit son regard s'assombrir et ses membres la quitter un à un. Dans un brouillard, elle vit Mar Diaw lui sourire avec des mots à la bouche, mais elle n'entendait plus rien. Alors, l'instinct de survie du flic se réveilla et elle se rappela les consignes du Commissaire. Elle tenta de glisser sa main vers ses pieds, mais n'y parvenait pas. La drogue que le vieux bouki lui avait mise dans le verre faisait déjà son effet. Elle réunit encore ses dernières forces afin de pouvoir glisser sa main vers la chaîne dorée, mais elle tomba dans les pommes sans y parvenir.

L'agent de couverture Tony était resté posté devant le parking du Madison Blue depuis des heures. De temps à autre, il jetait un coup d'œil au transpondeur : le bouton vert clignotait toujours. Il s'ennuyait, assis sur le siège avant du véhicule, mais il en avait l'habitude. Le CD qu'il écoutait diffusait une musique assez soft, de l'acoustique. Tony observait en même temps les allées et venues des usagers de l'hôtel, des femmes pour la plupart. Il se demandait pourquoi les femmes aimaient tant la fréquentation de ces milieux de débauche. En tout cas, c'était son avis, car de toute sa carrière, il se disait ne fréquenter les hôtels que pour traquer de mauvaises gens. C'était lui le chien de garde de l'équipe, et il connaissait bien son métier. En effet, lorsqu'il s'agissait de surveiller les arrières d'un coéquipier, l'agent Tony était l'homme qu'il fallait. Le crâne bien enfoncé dans une torpédo, il pouvait assurer la surveillance et intervenir en un clin d'œil sans se faire remarquer. À cette idée, il glissa sa main droite sur le côté et caressa le Beretta 15 coups qui y refroidissait. Le seul contact de sa paume avec l'arme le rassura davantage. Il jeta un dernier coup d'œil sur le transpondeur et jura : la cible était en mouvement hors de l'hôtel, à une vitesse vertigineuse. Sa respiration s'accéléra, il faillit se projeter hors du véhicule ; mais il garda son sang-froid, prit le walkie-talkie et parla au boss :

— Boss, la cible est en mouvement !

— Suis-la ! cria presque le Commissaire.

— Mais il y a un problème, chef, je ne l'ai pas vue sortir !

Le commissaire divisionnaire hésita un laps de temps : dans ces cas, la décision à prendre déterminait le sort de l'agent en situation. Il demanda à Tony :

— Quelle direction prend-elle ?

— L'autoroute à péage vers Villeneuve.

— Reste devant l'hôtel et indique-nous le tracé ! Terminé !

Tony ne tenait plus sur place ; il avait l'habitude de bien assurer. Comment Collé était-elle sortie de l'hôtel sans qu'il la vît ? «Ou alors, elle y était forcée.» se dit-il. Il voulut en avoir le cœur net. Sorti de sa planque avec son transpondeur qu'il dissimula sous son jaquet, il pénétra dans l'hôtel et se dirigea vers la suite de Collé. La numéro 3 était celle de sa coéquipière. Il s'en approcha précautionneusement et l'ouvrit avec une carte dérobée dans une salle des techniciens de surface. L'intérieur était décoré dans un style très contemporain avec des meubles aux lignes très fines et d'un blanc de neige qui faisait ressortir les couleurs estivales des vases, des tapis muraux et des fleurs naturelles posées à différents endroits. Il inspecta les pièces une par une avant de déclarer à son patron : «Boss, confirmé, Collé n'est plus dans sa suite… J'ai vérifié». La réponse du Commissaire Seck ne se fit pas attendre : «Suis-nous !»

Tony sortit de la suite en courant tout en leur lançant : «Prenez la route de Diamniadio vers la petite côte !»

***

Collé reprenait petit à petit ses esprits. Elle se rendit compte finalement qu'elle était ligotée et planquée dans le capot d'un véhicule qui roulait. Elle ne pouvait savoir vers où, mais elle se dit qu'elle avait confiance en son chien de garde. Elle se ravisa, cependant, quand elle se rappela avoir été agressée dans une chambre d'hôtel, à l'insu de sa couverture. Sous ce torrent, Tony ne pouvait se douter de rien… Mais il y avait son émetteur! «Pourvu qu'il ne l'ait pas enlevé!», se dit-elle. Bougeant un peu vers le fond du capot, elle glissa ses mains vers le bas et, touchant ses pieds, elle tâta ses chevilles : la chaîne dorée y était! Elle souffla de soulagement et appuya sur la boucle de fermeture. Il ne restait plus qu'à attendre et espérer que le signal rouge ait été reçu. Elle pensa aussi devoir utiliser toutes ses techniques de défense, il était hors de question, pour elle, de mourir dans de misérables conditions. Surtout qu'elle s'était donnée plusieurs fois à cette vieille hyène! Si la mission échouait, son sacrifice n'aurait aucun sens. Son cœur se serra à l'idée que le Commissaire et Tony se sentiraient coupables de sa mort. Elle laissa couler sur sa joue une larme de détresse.

Dans la vive allure avec laquelle Tony s'engouffrait dans les eaux de pluie, une seule idée le traversait : quitter la police si jamais cette fille mourait. Il ne lui était jamais arrivé, pendant toute sa vie d'agent de couverture, de laisser mourir un coéquipier sous sa protection. Il s'en voulait à lui-même. Comment n'avait-il pas vu arriver le coup ? Seulement, il ne pouvait pas savoir que même le plus extraordinaire des agents ne pouvait voir à travers le capot fermé d'une voiture qui pouvait passer l'entrée de l'hôtel sans se faire contrôler. À ce moment précis de sa pensée, un juron sortit encore de sa bouche : le transpondeur clignotait au rouge. «Ouais!», cria-t-il, en appuyant sur la radio-émetteur du véhicule. « Boss, clignotant au rouge! Je répète, clignotant au rouge! Cible en danger, mais vivante!»

De l'autre côté de la radio, il eut juste le temps d'entendre le Commissaire pousser un cri de soulagement avant de déclarer à toutes les unités de se diriger vers la zone indiquée par le transpondeur, Ngolfagnick.

Il pleuvait des cordes. Mar peinait à maintenir la Toyota sur la route. La piste était plus glissante que d'habitude, car le déluge redoublait d'intensité au fur et à mesure qu'il approchait de Ngolfagnick. Il essayait de ne penser à personne d'autre qu'au fils de son leader. Ce rejeton voulait lui chiper la place qu'il avait mis des dizaines d'années à acquérir. Il se souvenait du temps où, le chef de l'Etat de l'époque ne voulait pas entendre parler de multipartisme. De son point de vue, le multipartisme était synonyme de la perte de son autorité. Le Docteur Ndiaye était alors un jeune avocat qui nourrissait une vision toute nouvelle de démocratie, et jouait toutes les cartes en sa possession, pour fonder son parti. Mais avant d'avoir été accepté, il avait évolué dans la clandestinité. Or, lui seul, Mar Diaw, avait osé s'afficher aux côtés de cet opposant que le chef de l'État d'alors voulait à tout prix éliminer. Où était son bâtard de fils pendant que lui, Mar Diaw, essuyait les brimades et exactions en son nom? Que faisait-il alors enfant, quand ils sillonnaient le pays, se cotisant, pour mobiliser un électorat derrière le Docteur? Il avait tout sacrifié, lui, aux côtés de son leader, et ensemble, ils avaient labouré, semé et entretenu le verger de la liberté. Maintenant qu'il fallait cueillir les fruits, un enfant sorti d'où il ne savait voulait tout engranger sous son nez! Était-il assez sot pour se laisser faire sans réagir? Tout le monde politique le connaissait bien, lui, Mar Diaw, le vieux bouki qui ricanait plus qu'un lion, devant la menace.

Ses pensées le menèrent à sourire à la seule idée qu'il venait encore une fois, de le faire à la police. « Joli doublé! Le beurre et l'argent du beurre! Cette putain saura qu'on ne se frotte pas au vieux Mar Diaw sans y laisser des plumes », se dit-il en tournant vers la gauche pour emprunter la piste menant vers Ngolfagnick.

La pluie s'était arrêtée et la lune était revenue malgré quelques nuages qui défilaient dans le ciel, pareils à de gros oiseaux nocturnes. Les phares éteints, la Toyota glissait lentement sur la piste, vers une dépression retirée, cinq cents mètres à gauche du village. Mar s'était déjà donné rendez-vous avec Keïta et ses hommes de main. Le sacrifice pouvait se faire avant l'aube.

À la faveur du clair de lune, le vieux bouki pouvait

apercevoir les silhouettes qui l'attendaient sur le site du rituel où Keïta avait l'habitude d'officier. Il arriva et se gara derrière l'autre voiture. Descendu du véhicule, il fit signe aux deux hommes de sortir le corps du capot. Ceux-ci s'exécutèrent et étalèrent Collé – inerte – sur le sol humide. L'agent sentit le froid et l'humidité ; elle eut un haut-le-corps quand l'idée d'être enterrée la traversa. Elle se résolut à rester inerte pour jouer, si l'occasion se présentait, la carte de la surprise. Elle se laissa alors, rouler dans la boue.

Keïta se hâtait. Tout l'attirail était prêt. Il fit signe d'amener le jeune homme d'abord. Les deux bourreaux le traînèrent sur l'autel qui n'était rien d'autre qu'une termitière aplanie. Le féticheur sortit un poignard de sa gibecière, le trempa dans un liquide noirâtre et à l'odeur nauséabonde, puis le tendit à Mar. Il lui fit répéter des formules incompréhensibles, aspergea le corps de la jeune victime de ce liquide putride avant de lui indiquer le cœur à transpercer. Bathie était ligoté, les bras collés le long du corps ; une muselière sur la bouche l'empêchait de crier, et il avait les yeux bandés. Il ne pouvait rien voir sinon entendre le chuchotement de ses agresseurs. Il tentait pourtant de se dégager de ses liens, mais ne faisait que se trémousser sur la boue. Déjà, le poignard lui transperçait le cœur. Le sang gicla de la blessure et s'écrasa sur le visage de Mar Diaw. Ce dernier recula de dégoût. Il se releva aussitôt, laissant le féticheur terminer son macabre rituel.

Ensuite, ce fut le tour de Collé. Étalée sur l'autel, elle

sentit Mar la souiller sur les directives de Keïta. Quand le vieux bouki spasmait de plaisir sur son corps solidement ligoté, des lumières s'allumèrent subitement, et des sirènes se firent entendre. Collé reconnut la voix du Commissaire qui se rapprochait. Des mains la libéraient, on lui enleva d'abord les œillères, puis la muselière. Le Commissaire divisionnaire Gora Seck libéra son agent, la couvrit avec sa veste et la serra fortement dans ses bras. Tony – qui avait déjà menotté les deux poignées de Mar Diaw – courut vers eux. Il avait le regard brillant de larmes sous le clair de lune.

Les policiers identifièrent le corps de la victime et en firent part au Commissaire. Son visage se gonfla de plus belle ; il se rendit devant Mar Diaw qu'il tira, par le col, vers la victime et dirigea sa torche sur le cadavre. Mar déchira les ténèbres d'un cri sinistre, celui d'un fauve blessé, et tomba sur le corps inerte de son fils. Sa voix retentit dans la dépression de Ngolfagnick, réveillant les habitants terrés sous les rocs et dans les bois. Il criait « Non ! » sans arrêt, ne pouvant plus s'expliquer la présence de son unique enfant sous ses coups de poignard. Il venait d'immoler son propre fils pour acquérir un pouvoir qu'il n'aurait malheureusement pas l'occasion de consommer.

CHAPITRE XII

L'arrestation du No 2 du Parti de l'Opposition, à la suite du meurtre de son propre fils, défraya la chronique. Tous les médias sautèrent dessus comme des hyènes affamées devant une charogne. D'ailleurs, c'était ainsi à Khouroumbouki, la presse avait, chaque fois, les mêmes titres à la une. Dès le lendemain, l'on ne parlait plus que du meurtre du père sur son fils. Le pays bouki était comme l'écho d'une voix que renvoyait la falaise, les éditions imprimant le même sommaire. Il semblait que dans cette république, il n'y avait rien à dire, aucun problème sinon celui des partis politiques. Du matin au soir, les chaînes de télé et les stations radios diffusaient les mêmes infos – les mêmes faits relatifs aux coups de gueule de politiciens babillards qui n'ouvraient leurs becs que pour chanter l'homme fort du pays, ou alors profiter d'une situation pour décrier une autre en leur faveur.

Pourtant, un esprit averti pouvait se demander si la situation décriée était nouvelle, car c'était ceux-là mêmes qu'on accusait avant, qui accusent maintenant. Les problèmes qu'ils n'avaient pas réglés dans leur gestion antérieure devenaient leurs pierres à lancer dans le jardin des nouveaux dirigeants. Le plus déplorable dans tout cela, c'était que ces mêmes populations victimes des torts de ces boukis politiciens, soutenaient l'action dirigée contre elles-mêmes. Devant le petit écran, elles faisaient pitié à ceux qui comprenaient, mais restaient muselés par l'impuissance. Par exemple, en hivernage, il était fréquent de voir un bouki babillard en 4X4 atterrir dans une place putréfiée d'ordures, de misères et de maladies, haranguer ces mouches par micros et caméras, chantant la même rengaine des soi-disant défenseurs des populations. Véritablement, la chose semblait facile à réaliser : il leur suffisait de souffrir une à deux heures d'odeurs nauséabondes, de boue, de piqûres de moustiques, de morves et de soleil. Le jeu paraissait impeccable, devant l'écran, si le bouki sur scène affichait un sourire large comme le fleuve Banjul. Et les misérables victimes applaudissaient à leur propre mise en terre.

Le plus triste, dans cette contrée bouki, c'était quand le ciel pleurait ses larmes de dépit sur Khouroumbouki, et principalement sur Ndiobènetalène. Les flots qui immergeaient des quartiers entiers montraient combien Allah était triste ; triste de voir les enfants vivre leur propre incohérence. Pour afficher son désaccord sur l'attitude béate de ces vomissures de la nation, il rompait les digues des eaux du ciel et arrosait les banlieues, épargnant les gens du Plateau. D'un côté, les quartiers se toilettaient de la pluie, de l'autre, les zones flottantes s'embourbaient comme des crapauds. Malgré cela, les esprits s'intéressaient plus au train-train des nantis qu'à leur propre misère ; le sacrilège de Mar Diaw mouillait les lèvres de tous les misérables boukis politicards du pays.

Et les commentaires suivaient les bulletins d'information des radios et des télévisions. Dans ce pays, chaque bouki était expert en la matière sur tous les sujets posés. Les partisans du Parti au pouvoir sautèrent sur l'occasion pour peindre un visage assez monstrueux des autres. Les partis ayant leurs beaux-parleurs, celui de l'homme fort du pays occupa, en effet, les médias. Les journalistes aussi coincèrent la chronique sur le seul point de vue qu'il leur plaquait dans le crâne : leurs adversaires étaient accusés – sans exception – d'anthropophagie.

 Les seules véritables questions sorties des sentiers battus, venaient d'un certain Sa Ndiombor, un journaliste émérite qui a toujours eu maille à partir avec les régimes en place à cause de son impartialité. Cet homme de presse avait la cinquantaine ; maigre et de grande taille, la peau noire, il apparaissait toujours serein au petit écran. Pourtant, il vivait dans la précarité, accroché à ses principes de liberté dans son métier. Maintes fois sollicité par les ténors de la vie politique, il servait à ces boukis le même plat froid : «Je ne suis pas un laudateur, mais un journaliste. *LUX MEA LEX* !». Cela lui valut d'être mis en quarantaine sur tous les droits et privilèges destinés à la presse. Malgré tout,

Sa Ndiombor se consolait à travers le crédit qu'il avait gagné dans l'audimat du pays. En effet, quand il parlait, les boukis l'écoutaient religieusement, et prenaient ses propos pour du coran. C'est fort de ce constat, qu'il s'était lui aussi résolu à ne transmettre la véritable information que selon les règles de l'art, mettant la déontologie en sa ligne de mire. Se sentant aussi investi de la noble mission d'informer, il se décida, lui aussi, à plonger dans ce guêpier politico-judiciaire.

L'image étiquetée au parti du Docteur ne militait pas en faveur de son fils, car bientôt, une frange de la population jugea, par le crime de Mar Diaw, que la fortune du fils Ndiaye provenait de sacrifices humains. D'ailleurs, qui oserait nier le fait qu'à Khouroumbouki, l'argent – qui, dit-on, n'a pas d'odeur – était devenu le Dieu qui alimentait les vies et traçait le destin des boukis ? Il épousait le visage des vices et édifiait les lois du désordre et de la débauche. On le convoitait par tous les moyens, au risque de défier les lois divines. D'ailleurs, la vérité était que l'homme avait depuis longtemps effacé Dieu de son univers, et s'était érigé une autre divinité, l'argent, le pouvoir matériel.

Ce Dieu argent avait élu domicile dans le cœur des boukis et en avait chassé toutes les vertus érigées en rempart contre la débauche sociale depuis des millénaires, par leurs ancêtres. Avant, les valeurs morales constituaient les plantes rares qui poussaient à travers les principes de dignité, de bravoure, d'honneur, de sincérité, de franchise, de justice et de culture de la paix. Les familles les semaient dans l'âme des enfants à travers une éducation plus collective qu'individuelle. Il était temps pour les boukis, de reconnaître la défaite de leur système éducatif, car, au moment où le reste du monde s'était appuyé sur sa culture pour mieux retrouver son chemin, eux avaient relégué la leur au dernier plan. Pire, ils en avaient fait un objet d'amusement et d'abrutissement de leur jeunesse, à travers un folklore de plus en plus perverti. L'inhumanité était devenue le seul critère de leur vie. Pour nager à contre-courant de leurs habitudes, il fallait avoir un courage de tioubalo et un cœur fort et vaste comme l'océan.

Sa Ndiombor avait, lui, la ténacité d'un lion. Le lendemain du meurtre de Mar Diaw, il s'informa bien et reçut de ses sources l'identité des agents de la police qui avaient en charge ce dossier. Sa formation de journaliste d'investigation lui permettait de débusquer les gens dans leurs plus secrètes planques. Celle de l'agent Aminata Sow alias Collé s'afficha la première dans son calepin.

Collé avait passé une rude nuit. Après l'intervention, Tony l'avait ramenée chez elle, à la rue 6 du Port. Il faisait presque cinq heures du matin. La relève des travailleurs de nuit commençait déjà à tourner. Les ruelles et les trottoirs étaient mouillés, mais le nettoyage des éboueurs éclaircissait les principaux axes du centre-ville. De toute façon, force était de reconnaître que même sale, cette partie de Ndiobènetalène valait plus que le reste – la banlieue – qu'ils venaient de traverser, le capot dans l'eau.

Cette fois-ci, Tony monta avec elle, la soutenant par la taille, jusqu'à son appartement. Elle composa son code secret, la porte s'ouvrit et le garde du corps lui demanda :

— Ça va ?

— Oui, répondit-elle en hochant la tête, les lèvres aussi fermement serrées.

— Si tu veux, je reste un peu.

— Non, ça ira ! Rentre, tu es aussi cassé que moi !

— À tout de suite ! finit par dire le garde du corps, en lui caressant tendrement l'avant-bras.

Collé referma sa porte et Tony reprit les escaliers vers la sortie. Restée seule chez elle, Collé entra sous la douche, se fit couler un bain chaud et entra dans la baignoire où elle resta comme endormie, jusqu'au matin.

Elle fut réveillée par les bruits du dehors. Revenue à la triste réalité, elle se mit à se frotter nerveusement tout le corps, pendant des minutes, avant de reprendre ses esprits. Sortie de la baignoire, elle se traîna vers sa chambre et resta cloitrée sur son lit, les bras serrant trop fort, les deux oreillers. Jamais de sa vie, elle n'avait eu aussi mal dans son âme, qu'à cet instant-là. Ressassant les grandes étapes de sa vie, elle vit défiler sous ses yeux des images qu'elle avait enterrées depuis longtemps.

Se présenta d'abord le visage de sa grand-mère maternelle : leur existence solitaire à *Keur Ardho*[1], la vieille

____

1. *Keur Ardho* : nom donné à une localité peulh dans le roman. « Ardho » est le propriétaire des troupeaux, dans la langue, et

case en chaume, la génisse qui leur offrait le lait du soir et celui qu'elle partait vendre après l'école, dans les quartiers modernes de la bourgade, son principal client de lait caillé… Elle s'empressa de dépasser ces images comme les pages d'un album dont on ne voudrait pas regarder les photos. Sa mémoire se posa alors sur les traits de sa grand-mère, cette vieille peulh aux lèvres tatouées, à la peau claire, maigre et toute ridée par les petites corvées de la maison. Mame Hadiara avait la soixantaine passée, mais sa vie de vieille solitaire la maintenait éternellement dynamique.

Mama – ainsi l'appelait Collé – n'avait pas reçu de cadeaux, de la vie. Mariée à un homme visiblement riche, elle avait été jalousée, combattue puis chassée du domicile conjugal, après son veuvage. Son défunt mari, Aladji Brahim Kâ, était un riche éleveur à Keur Ardho. Il détenait un vaste troupeau de centaines de têtes en ovins, bovins et caprins. Entouré de frères vindicatifs et qui ne convoitaient que ses richesses – surtout sa jolie femme – il fut, une nuit, attiré dans un guet-apens et assassiné. Tout Keur Ardho pensait la même chose, à sa mort, mais personne, exceptée Mame Hadiara, n'osait le dire tout haut, de peur de subir le même sort. En effet, les trois frères de Haj Brahim étaient réputés, à travers toute la région naturelle du Souffle du Buffle, être de grands bandits des grands chemins. D'ailleurs, le défunt leur avait finalement interdit sa maison. C'est pourquoi les gens jugeaient bizarre le fait que c'était

---

« Keur » c'est la demeure en wolof ; donc, Chez Ardho.

ces mêmes frères qui l'avaient amené mort, couché sur une charrette, annonçant à la famille qu'ils l'avaient trouvé ainsi à quelques mètres de son grand enclos de bovins. Les funérailles du riche peulh furent bâclées, et ses richesses vite partagées, avant même la fin du veuvage de Mame Hadiara. En effet, dès les premières semaines du deuil, chacun des frères lui avait fait des avances. Mais Hadiara était une femme au moral en fer, qui ne se laissait jamais désarçonner. Elle les avait tous renvoyés non sans une insulte. Alors, les trois bandits halpoulars se liguèrent pour lui enlever toutes les richesses de son défunt mari. N'ayant eu aucun enfant, elle reçut du conseil de famille réuni pour la circonstance, une génisse et un coin de l'enclos principal.

Après le veuvage, elle fut traînée de force par ses amoureux rejetés dans cette partie reculée du bourg et abandonnée avec quelques ustensiles.

Collé se souvenait du jour où elle était venue la prendre chez ses parents. On disait que Mame Hadiara avait ainsi vécu dans la solitude et l'abandon, les voisins n'osant pas lui venir ouvertement en aide, de peur d'être agressés par ce trio de bandits. Elle avait donc tenu bon et résisté aux affres de l'injustice jusqu'à la vieillesse. Sentant ses forces faiblir, elle était allée à Thiamène, un village situé à des dizaines de kilomètres de Keur Ardho, demander la garde de Collé, la fille de sa nièce.

Des pages traversèrent l'esprit de l'agent lorsque la sonnerie retentit à la porte. Elle resta un moment sans bouger. Un deuxième coup ; elle glissa sa main sous l'un des oreillers et prit son arme : cette fois-ci, elle ne se laisserait pas surprendre. Cachant son pistolet dans le dos, elle alla ouvrir et se trouva face à Sa Ndiombor. Le journaliste ne passait pas inaperçu dans le pays ; Collé le reconnut d'un coup, mais elle feignit de ne pas le connaître :

— Oui, vous désirez… ? lui demanda-t-elle d'un ton renfrogné.

— Bonjour madame ! … je suis Sa Ndiombor, journaliste… Est-ce que je peux entrer ?... Je souhaite vous parler, dit le journaliste, sentant l'accueil très froid.
Collé resta un laps de temps avant de lui céder le passage. Sa Ndiombor entra et, voyant l'arme dissimulée derrière, il hésita un peu avant de hasarder une question :

— Je ne suis pas armé… Vous êtes menacée ? … Par qui ?...

— Simple précaution ! Dites rapidement ce qui vous amène, je suis crevée !
Le journaliste alla s'installer dans un fauteuil sans se faire prier. Collé, elle, resta debout et garda le silence. L'investigateur, comprenant qu'il ne devait pas s'attarder, posa sa question :

— Je sais que vous avez fait tomber le No 2 du Parti de l'Opposition : quel lien y a-t-il avec l'inculpation du fils du Docteur ?

Collé le fixait des yeux sans rien dire. Sa Ndiombor se répéta en vain. Devant ce silence loquace, il savait qu'il tenait un bon fil, plus question de lâcher prise ! Il enchaîna :

— Écoutez, madame, je suis là pour la vérité. Si cela peut sauver un innocent de la prison, je crois que cela en vaut la peine. Vous devez savoir que je milite pour l'impartialité et la justice…

— Je ne peux rien vous dire, demandez au Divisionnaire Seck, lui peut-être, il pourrait. Maintenant, excusez-moi, mais je voudrais rester seule.

Sa Ndiombor se leva satisfait de son premier entretien, remercia Collé et partit à la recherche du Commissaire Divisionnaire Seck.

Pendant ce temps, le Commissaire Seck faisait son rapport au Q. G. de l'Intérieur. Il était d'ailleurs surpris, le matin, d'entendre le Directeur de la Sûreté Nationale le convoquer dans le bureau du Secrétaire général du ministre. Il était arrivé interloqué, mais devinant déjà qu'il se tramait quelque chose.

Reçu dans le bureau, face au ministre et à son S. G., il demanda à comprendre d'abord ce qui se passait. Les visages se raidirent davantage et la gueule du bouki patron des lieux s'ouvrit grande ouverte : « Occupez-vous de confirmer votre rapport, c'est tout ce que vous avez à savoir ! ». Le Commissaire garda son calme et demanda : « M. Le Ministre, j'ai piloté une affaire d'une haute importance, mettant en péril l'honneur et la vie de mes agents. Alors si je remarque quelque chose d'inhabituel, je suis en droit de demander des explications. Et pour terminer, je vous signale que je suis un officier supérieur qui s'adresse correctement à sa tutelle, et qui demande en retour ce même respect». Le Directeur de la Sûreté Nationale allait ouvrir la gueule lui aussi, pour vociférer, mais le ministre l'arrêta d'un signe de la main. Il se rassit, le laissant terminer : «M. Seck, vous vous adressez, comme vous dites, à votre tutelle, alors pour couper court, je vous signale que votre mission prend fin ici même, et que vous êtes sur-le-champ muté à Fakh Land. Je n'ai plus besoin du commentaire de votre rapport ; disposez !»

Le Commissaire Seck se leva, dévisagea tous les officiers boukis présents dans la pièce. Il vit des aliénés enchaînés au poteau de la servitude. Tous regardaient le plancher. Gora leur jeta un dernier regard avant de leur lancer à la figure : «Subordination ne veut pas dire servitude. J'ai honte pour vous, et je suis fier de servir ma nation avec dignité ! M. Le Ministre, vous n'êtes pas Dieu, ne l'oubliez jamais !». Il prit son béret et son cartable, et sortit dignement du bureau. Après son départ, le directeur du Bureau des Investigations plaça enfin un mot : « Je vous avais dit qu'il ne faisait pas l'affaire, il réfléchit trop !». Le ministre était quand même bouleversé : il s'attendait à des excuses et des génuflexions devant son autorité. «J'espère qu'il ne parlera pas à la presse pour contredire nos propos», dit-il. Le Directeur répondit : «Non, il est trop fier pour étaler aux autres ses déboires. Il sera demain, de bonne heure à son nouveau poste». Ces mots rassurèrent le ministre.

La capitale remuait par endroits. Cela ajoutait une sorte de petit enfer à la vie des boukis. Il faisait presque onze heures et déjà, le trafic suffoquait : les véhicules s'entassaient sur les routes pareilles à des colonies de fourmis figées par la chaleur qui se dégageait des pots d'échappement. Gora ne pouvait plus garder son sang-froid ; il suait à grosses gouttes malgré la climatisation de sa 4X4. Ce qui le dérangeait dans toute cette manigance, c'était moins la mascarade du rapport que l'insolence affichée du ministre. Il s'était en effet, senti insulté et rabaissé par l'autorité de tutelle qui devait montrer le visage du respect et de la justice. Des affectations de ce genre, pour avoir réussi une mission contrairement à leurs attentes, il en avait eu des dizaines dans sa carrière, ça ne le dérangeait pas.

Mais il pensa à l'équipe, cette formation qu'il avait réussi à dresser et qui fonctionnait comme un seul individu ; il pensa à Collé et à tout ce qu'elle avait enduré pour arriver à coincer le plus coriace des boukis du pays. Il pensa à la loyauté et au cœur de lion de Tony, cet agent sans vie qui n'existait que pour couvrir les arrières des autres. Il pensa à tout ce qu'il avait fait avec lui, tous les risques pris ensemble dans leurs innombrables missions d'investigation, pendant dix ans. « Ce gamin n'a jamais travaillé avec quelqu'un d'autre que moi, de toute sa carrière, que fera-t-il sans moi ? Et Collé ?... Ah, celle-là, j'aurais préféré qu'elle quitte ce milieu… je ne sais pas, moi… elle pourrait devenir une enseignante, elle a une Licence en Lettres… ». Gora ne savait pas au juste comment annoncer à l'équipe la fin du match. Il laissa couler sa colère sur le klaxon, pour faire bouger le véhicule de devant. La file roula quelques dizaines de mètres avant de se figer à nouveau. « J'ai tout donné à la police, ma vie entière s'est fanée dans mes missions. J'ai perdu ma femme – celle que j'aimerai toujours – et, en même temps, j'ai interdit à ma fille unique son premier droit, avoir une famille. Pour me voir tout le temps rétrogradé parce que ne voulant pas participer aux manigances et complots des autres ; parce que voulant rester moi-même fier d'être flic… »

C'est sur le chemin qu'il reçut le coup de fil de Tony : « Boss, lui dit son agent, il paraît que l'équipe n'est plus ! Qu'est-ce qui s'est passé ? On a pourtant assuré !... ». Le chef s'empressa de lui dire de le rejoindre chez lui, dans sa villa de vacances à Ndoukhoura Peulh. Tony appela Collé. Une heure plus tard, l'équipe au complet se réunit autour de son chef. Le Commissaire Divisionnaire suivait les informations de la mi-journée, à la télé. Les deux agents arrivèrent en même temps et il leur désigna le petit écran ; les nouveaux arrivants restèrent cois devant la nouvelle qu'ils entendaient. En fait, l'information officielle que le présentateur donnait était que le Numéro 2 du Parti au Pouvoir était le bras armé du fils du Docteur, pour qui il exécutait des sacrifices humains afin qu'il devienne plus riche. La richesse d'Amoul Yakaar était donc le fruit de meurtres humains, selon le rapport de la police.

« C'est pas vrai ! », dit Tony dans un accès de colère. Il

alla se cogner le front sur la vitre teintée du salon qui donnait sur un jardin.

« Voilà pourquoi je vous ai réunis : ils ont exploité des informations justes pour mouiller un innocent. Nous savons tous que ceci n'est pas la vérité. Alors, sachant que j'allais m'opposer à ce mensonge, ils m'ont provoqué pour casser l'équipe. Vos affectations, c'est du vrai. Quant à moi, je retourne à mon premier poste. »

« Je vous suis, chef ! Je n'ai que faire de la garde rapprochée du Président ! Pas question de monter si vous, vous tombez ! », répondit Tony. Collé n'en revenait toujours pas : tous ses sacrifices ont été prostitués au service du complot. Elle s'était retournée pour faire signe au chef qu'elle prenait la même décision que son ange gardien. Sa gorge tambourinait, or, elle ne voulait pas pleurer encore devant son boss.

Le Commissaire secoua la tête en signe de protestation et tenta de les dissuader : « Écoutez, les gars, j'apprécie votre loyauté – ça me va droit au cœur, sincèrement –, mais je suis au bout du chemin. Il ne me reste que quelques années pour raccrocher, tandis que vous, vous avez votre carrière à assurer. Pour une fois, pensez à vous-mêmes !... Je voulais juste vous dire que j'étais honoré de vous avoir eus sous mes ordres. »

« Il faut révéler la vérité au grand public ! Boss, vous devez parler à Sa Ndiombor ! ». C'était Collé qui venait d'ouvrir la bouche ; elle ajouta : « Et pour ce qui est de notre décision, inutile d'insister : nous irons où vous serez!» Elle se détourna de nouveau; les mots qu'elle venait de prononcer lui sortaient du fond de l'âme. Le Commissaire garda le silence un moment, avant de dire ce qui suit : « J'ai peur de ne pas pouvoir révéler la vérité; je me demande même si vous, vous me croirez. » Collé et Tony, comprenant bien les non-dits de leur patron, le rejoignirent autour de la table basse posée au milieu de jolis fauteuils en cuir marrons.

« Boss, qu'est-ce qu'on est censé savoir, d'autre ? », demanda Tony. Gora commença alors ce récit qui le dérangeait depuis le matin.

« Après l'opération, je suis venu ici, pour me changer un peu les idées avant d'aller au ministère. Mes supérieurs voulaient mon rapport dès huit heures. Je me demandais pourquoi cet empressement. J'étais quand même bouleversé et je voulais rester seul. Alors, je suis venu ici et je me suis enfermé dans ce salon. Je me suis allongé sur le canapé et je crois que j'avais dormi pendant cinq minutes. Puis, j'ai entendu des coups frappés à la porte. Je me lève pour aller ouvrir et je tombe sur un vieil homme qui m'aborde pendant quelques minutes. Il correspondait à la description de l'inconnu faite au tribunal. Mais c'est ce qu'il m'a dit qui m'intrigua. Il m'a d'abord demandé si je croyais en Dieu et aux miracles. Ensuite, il m'a servi un discours assez énigmatique sur le mysticisme et la spiritualité. Dans ma tête, je me disais que j'allais l'arrêter et boucler l'enquête définitivement, car c'était lui l'inconnu aux semelles de vent dont on parlait au tribunal. Il s'était levé pour partir, mais je ne pouvais pas bouger. Alors, il me répondit : « Non, vous ne m'arrêterez pas, car je contrôle vos sens ; et puis, oui, je suis le vieil inconnu aux semelles de vent, qui a rendu Amoul Yakaar Ndiaye plus riche qu'il ne le croit. Vous connaissez l'histoire de Saala Menteng ? On raconte que ceux qui s'y rendent et rencontrent son génie voient leur premier souhait se réaliser… Dites à vos supérieurs – s'ils vous croiront – que ce sont leurs textes la cause de tout ceci. Je mettrai à nu leur aveuglement. Vous, vous vous souviendrez de moi, car c'est votre lot dans l'histoire. Retenez ceci : vous avez sincèrement œuvré – sans vous en douter – au service du mensonge qui révélera au grand jour la vérité. C'est aussi votre lot dans cette histoire. Bon, reposez-vous bien ! » Je l'ai regardé – immobile – poser son turban blanc sur la table basse et quitter le salon comme il était entré. J'avais cru rêver, mais ce turban était bien là, c'est celui que vous voyez sur la table. Qu'en pensez-vous ? »

« Incroyable ! » dit Tony ; « Mais vrai ! » termina Collé. C'est donc ce que vous avez dit dans le rapport… Et, bien sûr, ils ne vous ont pas cru comme prévu par le vieil inconnu… Boss, je crois que ce vieux mystérieux a aussi parlé à Amoul Yakaar, c'est ce qui explique son mutisme : cette histoire ne tiendra pas à la barre. Mais il savait que vous en parleriez dans le rapport ». Tony renchérit : « Il faut alors le sauver de ce complot. Coincé entre quatre murs, il ne peut rien faire, et il ne peut non plus dire à son père qu'il manœuvre dans le mauvais sens. Ce que vous pouvez dire de rationnel à Sa Ndiombor, c'est que, contrairement à ce qui est annoncé officiellement, le doyen Mar Diaw travaillait à maintenir le fils du Docteur en prison, pour rester le No 2 du parti. Nous détenons des preuves. Combien de fois avons-nous croisé cette vieille hyène dans nos enquêtes criminelles ? Chaque fois, un ordre « venu d'en haut » l'effaçait de la liste des suspects. Boss, je n'aime pas les politiciens, je ne milite nulle part, mais je ne peux pas regarder sans rien faire, cette énième victime du système, cet innocent qui ignore tout ce qui se trame contre lui, payer pour le crime des autres ! »

« J'ai interrogé la dame qui lui apporte les beignets de niébé en prison ; elle m'a juré l'avoir entretenu pendant des mois avec ses bols de « akara » ; que cet homme avait même plusieurs mois d'arriérés de loyer – ce que j'ai vérifié – ; donc il ne peut que dire la vérité : il n'a pas volé sa fortune et il ne sait pas d'où elle vient. À dire vrai, celui qui tire les ficelles dans cette histoire, c'est ce vieux mystérieux. Est-ce un djinn ? Je ne sais, mais cette histoire existe et il en a créé la machine. Mon ami Yakaar mérite notre aide, au nom de la vérité ! »

L'équipe allait ainsi survivre. Gora avait raccompagné ses amis le cœur léger. Il se sentait à présent, moins seul au monde.

CHAPITRE XIII

1

Le commissariat central de Fakh Land reçut ses nouveaux agents dans l'allégresse. « Le "Vieux Goor" est de retour», disait-on dans tous les bureaux. Cet homme était en effet, bien connu des lieux, pour avoir formé et entraîné la plupart d'entre eux. On lui vouait un respect sans borne et il n'en abusait pas.

Ainsi, tôt le matin, dès 7 h 45, tous les policiers en service – même ceux qui étaient de repos – étaient sur place pour accueillir – avec les honneurs –, leur doyen. Par ce geste, ils voulaient lui témoigner leur engagement à travailler, comme d'habitude, dans la discipline du métier. Ils avaient appris à l'aimer et à le respecter dans son air taciturne, car ils connaissaient sa pureté de cœur. Le Commissaire, venu à l'aube, sortit de son bureau avec son collègue partant. Aussitôt, la clameur cessa et tout le monde se mit au garde-à-vous. Il salua et continua vers la cour où le gros de la troupe l'attendait. Passant en revue ses colonnes, il aperçut Tony et Collé dans les rangs. Debout, de profil, il s'arrêta

155

devant ses deux têtes de mules et leur demanda s'ils ne s'étaient pas trompés de service. «Non, chef, répondit Tony, nous sommes officiellement affectés ici. Voici nos ordres!» Il tendit au commissaire un ordre de mission que ce dernier savait entièrement falsifié. Il eut du mal à se retenir de ne pas rire, car il entendait son boss, par le regard, lui lancer son terrible «Menteur, tu l'as encore falsifié!» Gora regarda Collé du même œil qui lui disait «Voilà, il t'a entraînée dans sa folie! Vous êtes cuits, si vous restez à mes côtés!» Lui-même a dû se racler la gorge pour cacher un sourire qui commençait à germer du coin de ses grosses lèvres.

La revue de troupe laissa place aux discours : le commissaire sortant parla longuement de ses satisfactions dans les dures conditions de travail, pour finir par encourager ses agents à bien obéir à leur nouveau chef, avant de lui passer la parole. Personne ne savait le «Vieux Goor» féru de discours; il se limita à remercier son collègue, et donna aux chefs de secteurs l'ordre de venir au rapport dans les minutes qui suivaient; enfin, il rompit les rangs et rejoignit son bureau. Une longue journée d'intervention l'attendait, car la zone de Fakh Land n'était pas de tout repos.

Quand les officiers et inspecteurs des divisions firent leur rapport, le commissaire appela ses deux amis dans son bureau. Ils le trouvèrent plongé dans un dossier rose, les lunettes rabaissées sur le bout des narines. Ce bureau était vraiment différent de celui qu'il avait quitté il y avait cinq ans. Le luxe qu'il y trouvait le dérangeait beaucoup : en plus des moelleux sièges placés devant son luisant bureau, un petit salon était aménagé à gauche de la pièce, avec un frigo-bar au coin et des rideaux tout autour. Quand ses agents entrèrent, ils se mirent au garde-à-vous ; Gora leva la tête avec un sourire narquois. « Décidément, le Ciel n'est pas prêt à me faire cadeau : d'abord, vous vous suicidez sous ma barbe, et moi, je me retrouve coincé dans ce décor de femme ».

Collé et Tony promenèrent leur regard alentour, l'air taquin. « Pas mal ! », dit Tony ; « Ça vous donne l'air d'un véritable D. G. ! », renchérit Collé.

« Vous me rendez plus triste, répliqua le Commissaire, de toutes les façons, j'enlèverai tout ce bazar, dès ce soir ! Bon, revenons au dossier de l'homme aux semelles de vent ! Il est revenu ici, dans ce bureau ou plutôt, je l'ai trouvé dans le bureau ! Vraiment, il commence à me mettre les boules : il apparaît et disparaît sans prévenir !... Et puis, il m'a demandé de m'occuper des amis d'Amoul Yakaar, tes jeunes copains, Collé. Alors, j'ai revu leur dossier... Collé, tu avais bien mentionné dedans que Bocar tentait d'en retirer son ami au moment de la descente. Pourtant, le rapport de police l'a omis. »

— Nous avons tous les trois lu ce rapport, dit Collé, donc il a été retouché !

— Ce qui veut dire que le coup de la Direction était bien préparé, reprit Tony.

— Nous nous sommes fait enfariner ! renchérit

Gora. Bien : Collé, va parler à leurs parents ; qu'ils re-
prennent contact avec eux ! Je verrai comment relancer
leur cas devant le juge. »

— Et moi, je couvre qui ? demanda Tony.

— Tu aimes les « akara » ? Tu devrais en goûter chez
Mère Awa ! Retourne dans ce secteur !

— Bonne idée, approuva le colosse, ça me fera des
vacances !

Collé partageait le même bureau que son ancien garde
du corps : une table divisée en son milieu par des piles
de papiers et des machines disposées de part et d'autre
des deux bouts. Il y en avait deux dans cette pièce que
partageaient les officiers. Le décor de ce lieu contrastait avec celui du bureau du commissaire. La nudité des
lieux était accablante. Pour nos amis de l'équipe, cela
ne dérangeait pas ; c'était même mieux ainsi. Collé prit
son arme de service d'un tiroir du bureau et la glissa
sous son abdomen. Saisissant son sac à l'envolée, elle
dit à son ami : « Je rends visite à mes « goro » – mes
beaux-parents ! »

Elle sortit de la brigade et prit un tortueux chemin de
sable qui contournait le marché et débouchait sur le
camp militaire. Mais elle regretta vite d'avoir choisi ce
raccourci, car, plus elle avançait dans les ruelles de cette partie de la banlieue, plus elle s'enlisait dans la boue ;
plus elle marchait, plus ses baskets s'empêtraient de
boue. L'hivernage avait rendu à ces quartiers du poto-
poto leur véritable visage, celui de la boue, des eaux
stagnantes, mélangées aux ordures. Cela créait une at-

mosphère apocalyptique banalisée ; et les misérables boukis côtoyaient, dans ce joli décor de pourriture, les mouches, l'odeur de putréfaction, la maladie et les agressions. Collé, un moment, leva la tête et scruta l'horizon : partout, des bambins folâtraient au milieu de tous ces dangers environnementaux, sous le regard inconscient des parents. Elle pensa que c'étaient les misérables boukis, les véritables causes de leur propre drame, car on peut vivre pauvre, mais sauvegarder son hygiène de vie. Il est vrai que le gouvernement en place – comme tous ceux qui l'ont précédé – n'avait pas fait ce qu'il fallait pour leur éviter cette vie de bousier, mais ils devaient y mettre du leur aussi. Pensant à tout ce qu'elle avait vécu dans l'affaire Mar Diaw, elle se demandait si cela en valait vraiment la peine, si, un jour, ce peuple de boukis pourrait se débrouiller sans les restes de charogne et les manigances que lui imposaient les plus forts, et si les hommes mis à la tête de leur État pourraient œuvrer sincèrement pour le bien-être de la masse. Ses pensées s'envolèrent vers son boss, ce lion modèle, mais qui demeurait, avec tous ceux qui étaient comme lui, inconnu. «Commissaire Divisionnaire Gora SECK, voilà une raison de ne pas baisser la garde ! Lui, il y croit, et un jour, les choses marcheront sûrement !»

Perdu dans ses pensées, Collé n'avait pas remarqué la barrière humaine qui s'était dressée devant elle. Mais elle se reprit aussitôt, dès qu'elle s'en aperçut : une bande d'hommes hagards lui barrait le chemin, armée de machettes. Collé s'arrêta à une distance raisonnable et jeta un coup d'œil autour d'elle : des passants – hommes et femmes –, voyant ces hommes armés, déguerpirent en coup de vent, la laissant seule face à ses agresseurs, dans ce terrain vague et isolé. « Les lâches !, se dit-elle » ; puis, s'adressant aux hommes d'en face, elle leur dit : « Hey, dites rapidement ce que vous voulez, j'ai pas le temps ! ». L'un d'eux lui lança : « Jette ton sac, ton portable et tes bijoux, et on te laissera partir vivante ! ». Collé répondit rapidement : « Ok, viens prendre ! ». Le bandit fit un pas vers elle et s'arrêta net ; l'agent avait déjà sorti son arme et avait tiré sur l'un des agresseurs restés en arrière, le touchant à la jambe. C'était un jeune homme d'une vingtaine d'années ; il tomba en hurlant de douleur. Un deuxième coup sur un autre retentit et tout le reste de la bande se dispersa. Collé prit son portable et appela le 18 de même que ses collègues. Quelques instants après, l'équipe de Tony débarqua avec, à sa tête, le Commissaire. « Ça va ?, lui demanda Gora » ; « Oui, tout baigne. Je voulais éviter le marché, mais j'ai vu pire dans le raccourci. Nous pataugeons en pleine merde, Boss ! »

Le Commissaire lui colla à nouveau son garde du corps, mais, cette fois-ci, elle refusa : « Boss, c'est gentil, mais je peux très bien me débrouiller ! Je connais le terrain, c'était ma première zone d'action. Tony a autre chose à faire. Bon, j'y vais ». L'équipe repartit avec les blessés pris et Collé s'engagea à nouveau dans le poto-poto.

On était à quelques jours de la Tabaski et Ndiobènetalène était en effervescence. Cette fête était, de toutes celles que préparaient les boukis, la plus importante à leurs yeux. Peut-être était-ce parce que c'était la plus grande fête de la viande. Or, voyez-vous, entre l'hyène et la viande, c'est une longue et mythique histoire d'amour assaisonnée de gourmandise, de sottises et de folies ; des folies qui faisaient perdre le sommeil à la plupart des boukis chefs de famille. Quand approchait la Tabaski, ils se retrouvaient tous étranglés par une corde d'engagements allant de l'achat du bélier à celui des condiments du repas, en passant par les habits neufs, les chaussures neuves, les meubles neufs, et même la peinture de la maison qu'il fallait renouveler. Ne pouvant assurer tout cela avec leurs maigres revenues, certains gonflaient leurs lignes de crédit dans leurs structures bancaires, tandis que d'autres se tournaient vers leurs créanciers – des commerçants pour la plupart. Et les dettes s'enroulaient autour du cou de ces boukis «goor goorlu», jusqu'à l'asphyxie. Pourtant, s'ils avaient appliqué les lois divines, ils ne se seraient fait aucun mal, mais à Khouroumbouki, on avait remis Dieu à sa place : les mosquées et les églises, où on lui rendait visite – comme à un interné – une fois par semaine, le vendredi et le dimanche. Pour le reste, la loi des habitudes suffisait. Quand on butait sur une inconstance, alors là, on retournait Le voir à l'asile. C'était dans ces occasions qu'on Lui enlevait sa muselière pour l'écouter. Cependant, c'était uniquement pour alléger les consciences, les pratiques demeurant inchangées.

2

Pa Ablaye traînait lui aussi sa corde d'inquiétudes depuis des semaines. À presque trois jours de la fête, il n'avait pas encore réuni le tiers du prix d'une chèvre. Pourtant, l'année d'avant, il n'avait pas senti le poids des préparatifs grâce à son fils Bocar. «Ce fils de chien n'a pas pu nous éviter tous ces ennuis! Comment me sortir de ce guêpier? Mes créanciers refusent de me concéder un autre crédit – je les comprends, j'y ai contracté trop de dettes!... Mais Dame Ndiaye pouvait quand même me dépanner, avec toutes les relations que nous entretenons!... Ah, Dieu nous voit, par Sa Grâce, nous aurons notre Tabaski!». L'homme dont il parlait était un *Ajoor* – un originaire de la province du rail – naturellement malin et expert en négoce. Il tenait un grand magasin de produits alimentaires au marché de Fakh Land; sa place était très fréquentée par les clients, en majorité des femmes. Les hommes aussi y allaient, surtout les fonctionnaires, pour lui confier leurs dépenses quotidiennes, lui en emprunter et faire le plein de provisions du mois. S'il vous arrivait de passer par la porte centrale du marché, vers la gauche, après le premier lot de magasins, vous verriez Dame assis devant sa porte, sur un banc chinois, une pile de carnets et une machine à calculer à ses côtés. C'était un homme de quarante ans, noir, grand de taille et très athlétique, qui aurait, peut-être, réussi au basket-ball s'il l'avait pratiqué. Mais il avait trop vite écourté ses études pour tenter l'aventure de l'émigration. Après trois années en Italie, sans réussite probante, il avait décidé de rentrer au bercail et d'investir le peu qu'il avait ramené dans le commerce. Les débuts étaient assez flottants, mais Dame avait foi en ses propres capacités mercantiles. Il avait tenu bon jusqu'au bout et, finalement, était devenu l'un des meilleurs commerçants de la banlieue. Sa cantine ne pouvant plus contenir sa marchandise, il en avait loué trois autres à côté, pour y ranger son gros stock. On dénombrait aussi une dizaine de boutiques en sa propriété, de Cité Filao à Yoonou Souf.

Pa Ablaye avait trouvé Dame assis sur son banc et en pleine ébullition. Il comprit que son ami était contrarié. En fait, il se disputait avec un enseignant à qui il réclamait une somme colossale. Le bonhomme, fonctionnaire de son état, était visiblement très gêné par la réaction de Dame. Vous savez, entre les fonctionnaires et les commerçants, c'est toujours une affaire de psychologie. Les seconds sachant les premiers très complexés pour se donner en spectacle en profitent pour leur parler toujours au vu des gens, les dominer et leur imposer leurs propres règles de jeu. Mais lui, Pa Ablaye, n'y pouvant plus tenir, et s'étant mis à la place du fonctionnaire, s'était invité dans la discussion et avait tenté de raisonner Dame : «Les temps sont durs, Dame! Personne n'aime se faire bousculer pour des dettes. Donc, essaie un peu de le comprendre et de l'arranger! Dieu te paiera!». Dame avait entendu ses conseils et avait laissé le fonctionnaire partir avec le tiers de son ravitaillement habituel. Il se tourna ensuite vers Pa Ablaye et lui dit : « Comme tu m'as empêché de récupérer mon argent, tu comprendras que je ne puisse rien te donner. Je sais que tu n'es pas venu pour payer, alors, tu n'auras pas de marchandise!» À sa grande surprise, Pa Ablaye répliqua : « Dame, je ne cherche pas de la marchandise, mais de l'argent; je dois acheter mon bélier. Si tu ne m'en donnes pas, tu auras participé à l'échec de ma Tabaski!». Il comptait lui aussi, jouer sur la fibre sensible et sentimentale du talibé mouride. Il ne savait pas que le commerçant savait la rompre en cas de nécessité. Le colosse de basketteur raté s'était redressé sur le banc et, dans un gros rire de surprise, avait lancé à son ami : « Pa Ablaye, cette fois-ci, tu n'as pas trouvé le talibé Dame, il est déjà à Janxeen. Tu parles au commerçant qui s'est engagé dans la marchandise d'autrui et qui doit, lui aussi, rembourser! Alors, si tu ne me donnes rien, ne m'en demande pas!». Ayant dit ceci, il s'était replongé dans ses carnets, aussi renfermé qu'une tortue dans sa carapace. Pa Ablaye s'était alors levé et était directement retourné chez lui.

3

Ce fut dans ses pensées que Collé le trouva sous l'arbre devant sa baraque. L'agent salua et attendit une réponse. Devant le silence de la maison, elle s'avança encore de quelques pas et salua à nouveau. Elle eut juste le temps de remarquer les lieux : quatre baraques disposées en demi-cercle, autour d'un «niim» géant, mais bien taillé pour offrir un ombrage assez régulier. Devant chaque baraque, une hutte a été aménagée pour servir de cuisine aux dames ; il y suffisait d'une table sur laquelle étaient rangés tous les ustensiles, et d'un foyer composé de trois morceaux de brique en ciment au milieu de la hutte. La baraque de Pa Ablaye était composée de trois pièces : celle de sa femme Ngoné Diabba, celle des filles – Waalo et Ya Khady – avec leurs petits-frères, et la troisième était réservée à Bocar. Depuis une année, elle était restée fermée, son locataire étant en prison.

Collé promena encore son regard sur la masse couchée sous l'arbre et sourde à ses salutations. Pa Ablaye était un homme de petite taille et très chétif, mesurant un mètre soixante-quinze. Sa tête rasée laissait paraître çà et là, des fils blanchis prématurément par les turpitudes de la vie. Il portait un sous-vêtement blanc usé et un pantalon en wax dont les nombreuses lessives avaient totalement enlevé la couleur et les motifs. Ses talons ressemblaient au Grand Canyon en miniature, saupoudrés de farine, tellement cet homme avait marché en quête d'argent pour la fête ! Pendant que l'agent Collé le détaillait dans sa position, une dame sortit de la pièce de gauche et, s'apercevant de sa présence, se dirigea vers elle, l'air inquiet. C'était Ngoné Diabba ; Collé fit un pas à sa rencontre, le sourire affiché pour mieux la rassurer.

— Assalaamaalikum ! dit-elle en intégrant l'ombre du « niim ».

— Maalikum salaam !, répondit Ngoné Diabba. Vous désirez… ?

Elle plissait déjà des yeux, affichant un air intrigué. Pa Ablaye s'était levé sur son séant et découvrait l'étrangère qui s'était approchée de lui sans qu'il s'en fût aperçu.

— Qui est-ce ? demanda-t-il.

— Je suis agent de police, s'empressa de dire Collé. Je viens au sujet de votre fils.

— Si ce fils de chien a encore commis ses bêtises, c'est son affaire, j'ai d'autres chats à fouetter, moi ! lança le mari de la dame en se recouchant sur sa natte.

— Soxna si – madame en Wolof –, attendez, je vous apporte un siège ! se hâta de dire Ngoné Diabba en gratifiant Collé d'un joli sourire.
Elle retourna dans sa chambre et en ressortit avec une chaise en plastique.

— Asseyez-vous, dit-elle à l'agent, et soyez la bienvenue ! Dites-moi comment va mon fils ! Y a-t-il quelque chose de grave ?

— Non, madame, répondit Collé en souriant, votre fils va bien. Je viens justement vous demander à vous et à son père, d'aller le voir en prison, car vous êtes tout ce qui lui manque en ce moment.

— Jamais de la vie ! cria Pa Ablaye en se relevant. Cet imbécile a choisi son chemin, qu'il assume seul ! Vous m'excuserez, mais je ne permettrai à personne – ni même à vous – de parler de ce bandit dans ma maison.

Il était subitement entré dans tous ses états ; la sueur ruisselait sur son visage qui ressemblait à un couvercle de marmite subitement soulevé en pleine ébullition. Son cœur battait la chamade et ses yeux s'étaient assombris de colère noire. Son vieux sous-vêtement était presque entièrement mouillé. Collé pensa en effet, que ce bouki mouillé de haine n'était rien d'autre qu'une autre victime des temps dans cette jungle humaine qu'était Khouroumbouki. Elle se résolut à reboucher les lézardes que l'absence de Bocar avait ouvertes dans cette famille. Observant de plus près Ngoné Diabba, elle remarqua la beauté prématurément fanée de cette dame. Elle se prit de sympathie pour elle.

— Mère Ngoné, commença-t-elle, votre fils n'est pas un bandit, c'est un jeune homme honnête et très aimable… Je suis celle qui l'a arrêté sans qu'il le sache. En fait, j'étais infiltrée dans la bande de son ami, et la vérité est que le jour où il fut arrêté, il venait le tirer de ce milieu de débauche, sur la demande de sa tante Magatte. Par respect pour son ami, il n'avait rien dit, ne voulant pas le laisser seul en taule. Cette qualité humaine que j'ai découverte chez lui m'a poussé à les aimer comme des frères et à les fréquenter. Je leur cuisine chaque jour un repas. Il se trouvait sur les lieux par hasard quand nous devions procéder à la descente policière, et un problème interne a fait que cela n'a pas été retenu dans le rapport de police. Aujourd'hui, ils sont devenus les seuls amis du fils du Docteur…

— Le chef de l'opposition?... Son fils présumé richard?...

— Oui, lui répondit Collé, sourire aux lèvres. Ils s'entendent bien…

— *Alhamdoulillaah*[1]! souffla enfin la dame Ngoné Diabba.

— Il m'a demandé d'apporter cette enveloppe à son père. Pa Ablaye, il m'a chargée de vous dire qu'il vous demande pardon pour tout le tort qu'il vous a causé. Cet argent était sur son compte; je l'ai retiré pour lui et vous l'ai porté comme il me l'a demandé… Tenez, le voici!

Tendant l'enveloppe au père de son ami, il découvrit que l'homme pleurait en silence. Ne pouvant contenir davantage cette émotion, elle se leva pour partir.

— Quel est votre nom, madame? demanda Ngoné Diabba à l'agent Collé.

— Aminata SOW, mais ils me connaissent sous le nom de Collé.

— Merci, Collé, dis à mon fils que nous lui rendrons visite bientôt!

---

1. *Alhamdoulillah* signifie « Loué soit le Seigneur »

Dehors, Collé s'essuya les yeux et jeta un dernier regard vers le domicile. Elle vit Pa Ablaye assis et contemplant les billets sortis de l'enveloppe. Elle avait menti à propos de l'argent, mais c'était l'idée qu'elle avait trouvée pour rapprocher cette famille. « D'ailleurs, ce vieux en avait bien besoin ! Ce sera ma B. A. du jour. » Un muezzin appelait déjà à la prière de la mi-journée. Elle l'écouta religieusement en se demandant depuis quand elle n'avait pas posé son front contre terre. « Le chemin s'éclaircit, Amy, se dit-elle, reviens à toi, retourne vers Ton Seigneur ! ». Elle passa par le marché et s'offrit un châle et un tapis de prière.

4

Dix-huit heures trouvèrent la cabine de Mère Awa assaillie par les nombreux amateurs de « akara » venus tremper leurs peines et inquiétudes de la journée dans la délicieuse sauce rouge qui mouillait les beignets. Les affrontements avec les policiers avaient cessé, en attendant que la Tabaski passât. D'ailleurs, quel bouki se battrait, en ces temps-là, pour autre chose qu'un bélier ? Peu importait la valeur du mouton, qu'il fût beau ou laid, gros ou maigre, la question était d'en avoir un attaché dans sa cour ; loin était le temps des choix. Même les femmes l'avaient compris : chacune d'elles n'espérait que voir arriver son époux, traînant une carcasse avec deux cornes et une queue. En attendant, un bol de beignets au niébé pouvait faire baisser la tension et l'allure dramatiques de la situation. Et puis, il y avait aussi la palabre, ce vaste océan de mots dans lequel les boukis noyaient leurs défauts et leurs manquements, en même temps que leurs rêves s'y construisaient en mirages. Le sujet était en fonction de l'urgence du moment. Cependant, pour la maîtresse des lieux, l'urgence était ailleurs.

En effet, debout derrière sa cabine, Mère Awa observait une présence qui était venue déranger la place fétiche de son fils toubab, cet enfant emprisonné sans raison. Depuis l'arrestation d'Amoul Yakaar, le coin habituel du jeune homme était devenu un lieu saint pour la dame qui chassait quiconque s'y asseyait. Les clients l'avaient tellement compris qu'ils évitaient le fond de la gargote. Quand cet inconnu était entré et s'y était dirigé, tous voulaient l'avertir, mais, le voyant patibulaire et costaud, ils ont préféré déférer l'affaire auprès de Mère Awa : chacun attendait sa réaction, la voyant fixant l'homme d'un regard sans tendresse du tout. Ce dernier, ayant attendu en vain son service, appela à nouveau. Mère Awa espérait ce moment ; alors elle envoya son missile : « Si tu veux être servi, tu n'as qu'à quitter ce coin-là, ce n'est pas pour toi ! ». L'homme semblait ne pas avoir compris ; les autres clients l'aidèrent en taquinant Mère Awa. L'un d'entre eux, s'adressant à lui, expliqua : « Patron, cette place est celle de son enfant adoptif, le fils du Docteur – celui qu'on a arrêté. Depuis, elle n'autorise personne à s'asseoir à cette table où elle l'accueillait chaque jour. Maintenant, si vous voulez recevoir votre bol de « akara », vous devrez vous déplacer. » L'homme rit agréablement en changeant de table. Assis à celle d'en face, il lança à la dame : «Ici, je pourrai être servi?» «Avec joie!», répondit Mère Awa qui lui portait un bol de beignets.

Pendant qu'elle déposait l'assiette devant son client, ce dernier lui dit tout bas : «Bonne dame, je peux vous demander quelque chose?» Ayant à présent l'habitude des visites policières depuis le début de l'affaire Amoul Yakaar, elle comprit aussitôt et, s'essuyant les mains sur son tablier, elle s'assit devant l'homme.

— Que voulez-vous encore savoir?

— Je m'appelle Tony, je suis…

— Policier, je sais!... Posez votre question, j'ai du boulot!

— Madame, je ne suis pas du côté des méchants, lui dit l'agent. Je cherche à mieux comprendre la vérité : est-il vrai que c'est vous qui nourrissiez ce jeune homme gratuitement?... Quand vous m'avez déguerpi de sa place habituelle, j'ai vu vos yeux luire de mille lumières. Seul un amour sincère peut susciter ce genre d'émotion. Alors, j'ai compris que vous étiez proches… Parlez-moi un peu de lui!

La dame se racla la gorge, jeta un coup d'œil aux autres qui les lorgnaient, et résuma : «Je ne sais pas si la fortune que vous lui reprochez lui appartient ou pas, mais je suis certaine d'avoir reçu, un soir, à cette table, un homme fatigué, affamé, et perdu, qui pleurait toutes les larmes de son corps. Je lui ai servi à manger et lui ai demandé de ne plus jamais rester chez lui sans manger. Il m'a confié, plus tard, avoir été licencié par son patron et piégé par sa mère qui avait bloqué son compte, le laissant sans le sou dans une ville où il ne connaissait personne. J'ai su qui il était le soir de son arrestation. Donc, même si cette fortune existait, je sais qu'il l'ignorait. On le prenait pour un malade mental dans le quartier, mais personne ici, personne, ne croit qu'il eût fait ces sacrifices humains…»

«D'ailleurs, nous connaissons bien le No 2 du Parti de l'Opposition, il ne fréquente pas les misérables, or cet Amoul Yakaar là, il est comme son nom, «sans espoir!» C'était un homme d'une vingtaine d'années, un habitué de la gargote, qui venait de parler. Depuis le début, ils suivaient leur débat. C'était aussi leur façon de protéger la dame, en la suivant de loin dans ses échanges avec les inconnus qui l'abordaient. «Vous vous êtes trompés de cible, cet homme n'a rien fait de ce que vous lui reprochez!», renchérit-il. Tony l'écoutait tout en dégustant ses délicieux beignets. Il se léchait chaque fois les doigts pour ne rien perdre de la sauce épicée à merveille. Son analyse lui indiquait que le détenu de Ndoungoussine devait être vraiment ce qu'on disait de lui, une victime. Glissant le bol vers Mère Awa, il lui confia tout bas : «Je ne suis pas du côté des méchants, je veux aider votre ami». Il paya et partit comme il était venu. Le débat resta figé sur son passage et les suppositions sur la prétendue fortune de leur ami alimentèrent la gargote jusque tard.

Pendant ce temps, le Commissaire Gora Seck recevait le coup de fil qu'il attendait depuis la veille. C'était Sa Ndiombor à l'autre bout du fil. L'échange fut bref et, prenant son arme et ses clefs, Gora partit dans sa 4X4, en direction de Ndoukhoura. Cette planque, il l'avait achetée de retour de sa mission en Bosnie. C'était un verger dont les récoltes lui permettaient de bien arrondir ses fins du mois tout en finançant les études de sa fille. Après quinze années d'exploitation, il avait fini par y construire cette belle villa qui lui servait de lieu de retraite quand les choses n'allaient pas bien dans son travail. À présent, la villa de Ndoukhoura n'était connue que de quelques privilégiés.

Quand il arriva à la villa, le journaliste était déjà sur les lieux, l'attendant dans sa petite Golf bleu nuit. Le Commissaire sortit de son véhicule et lui fit signe de descendre. Ils rejoignirent ensemble le salon. Dans la pièce, le maître des lieux invita son hôte à s'asseoir et lui offrit une boisson sucrée. Il s'en servit lui aussi et alla prendre place sur un siège lui faisant face.

— Nous ne nous sommes pas vus depuis l'affaire « Gettu bëy » – l'enclos des chèvres !

— Mais je suis vos exploits policiers de très près, Commissaire. Vous savez, nous sommes deux grains de sable dans la monstrueuse machine du pouvoir ; nous dérangeons.

— C'est pourquoi j'ai besoin de ton soutien… Je suis un flic et je déteste l'injustice. Pour la vérité, je suis prêt à tout - nous avons ce point commun. Le fils du Docteur est innocent et j'ai mentionné les véritables preuves de l'affaire dans mon rapport. Malheureusement, des individus mal intentionnés, qui ne pensent qu'à se servir du pouvoir, ont redistribué les cartes. Ces sacrifices humains ont eu lieu, mais c'était l'œuvre du Doyen Mar DIAW…

— Dans le but de rester No 2 du Parti…

— Exactement! Du côté du Parti au pouvoir, c'est l'occasion rêvée de confiner tous les atouts du Docteur sur la touche…

— Serais-tu devenu partisan, Commissaire?

— Pour la vérité, oui! Sa Ndiombor, ces hommes politiques ne m'intéressent guère. Il y a un innocent qui croupit en cellule par le bon vouloir de quelques individus, et j'ai été utilisé, avec mon équipe, à faire le sale boulot… Ils ont trafiqué tout mon rapport pour charger le fils du Docteur! Je milite pour la vérité, c'est tout!

Il avait presque hurlé. Sa barbe luisait sous la sueur. Il se leva et retourna au frigo-bar, puis revint à sa place avec deux cannettes de jus. Sa Ndiombor se leva pour partir.

— Envoyez-moi les documents que vous possédez, par courriel, ce serait risqué de les porter en ces temps.

— Emportez du jus frais, le temps est très changeant!

En prononçant ces mots, le Commissaire avait glissé quelque chose dans la cannette ; son homologue comprit et, saisissant son petit cadeau, il se dirigea vers la sortie.

— Prends garde !

— Toi aussi, Commissaire !

Le journaliste sortit de la villa et se dirigea vers son véhicule. La rue était vide. Seules quelques voitures étaient garées devant des portes fermées. Il atteignit sa Golf et posa la cannette sur la boîte de vitesse. Il ne s'était pas aperçu du groupe d'individus qui se hâtait vers lui. Il n'eut que le temps de lever la tête ; un coup porté au dos le fit se cambrer. Un autre à l'abdomen, puis un autre à la rotule gauche, le firent tomber. À terre, des bottes torpillaient tout son corps. Il se plia en deux et tenta de se protéger la tête en se couvrant avec les mains. C'était vain contre ces Caterpillar qui lui brisaient les côtes une à une.

Le Commissaire jaillit soudain de sa maison, l'arme à la main ; il cria des phrases incompréhensibles à l'endroit des agresseurs qui s'enfuirent aussitôt. Gora les poursuivit sur une courte distance avant de revenir sur ses pas vers le journaliste étendu, inerte, sur le sable fin de Ndoukhoura. Très vite, il l'observa et sortit son portable. C'est à ce moment-là que Sa Ndiombor émit, d'une voix faible : « Oh, mon Dieu, ils m'ont tué ! ». Le Commmissaire se ravisa et remit son portable dans sa poche. Le vieux journaliste souriait de sa bouche écarlate, ajoutant : « Heureusement que j'avais ma cannette de jus !» À ces mots, Gora eut une idée et courut vers sa demeure. Il en ressortit trois minutes plus tard, avec une Golf noire sans plaque d'immatriculation.

Arrivé à hauteur du corps toujours étendu sur le sable fin, il se gara et, ouvrant la portière arrière, le hissa sur la banquette arrière, comme l'on ferait d'un mort. La Golf noire prit la route de Villeneuve.

Au journal du soir, toutes les stations radio et télé de la Ndiobènetalène annoncèrent l'agression du vieux journaliste émérite et le transfert du malade pour soins intensifs – vers Tougal – la France. Les quotidiens relayèrent l'information sous des variantes les plus alarmantes. Quand certains parlaient du coma du mastodonte de l'information, d'autres annonçaient déjà son décès. Des registres des plus élégiaques furent employés par les confrères. Ce fut l'effet d'une bombe larguée en plein terrain miné. Le pays redoubla d'ébullition : le quatrième pouvoir brandissait son tentaculaire bras et allait frapper. Le gouvernement procéda incognito à de fausses arrestations pour tenter d'apaiser la noire bile que déversaient les médias dans tout le réseau journalistique.

Mais le travail le plus remarquable fut celui des blogueurs. En fait, grâce à ces relais, la parole émanait des sans voix et surplombait la montagne de la révolte. Les bouki pouvaient enfin, depuis leurs antres, hurler, brailler leurs cauchemars des canicules d'impuissance. Ce bijou de la modernité révélait, en effet, un spectre d'idées, différentes les unes des autres ; des prises de position s'y dessinaient, tantôt bigarrées, tantôt d'un réalisme et d'une véracité époustouflante. Chacun dissertait à sa façon : certains criaient leur ras-le-bol sans argument, seulement parce qu'ils avaient cette envie de bombarder de paroles cette injustice qu'ils vivaient aux premières loges de la vie. Ce type de blogueurs était le plus virulent dans ses propos.

D'autres réagissaient par conviction ; c'était ceux qui tentaient résolument de convaincre, par une solide argumentation, les internautes. Cependant, leurs propos étaient souvent taxés d'opposition par un troisième groupe qui, lui, ne réagissait que dans un esprit partisan. Pour ces intervenants, la vérité ne comptait pas, il fallait surtout défendre ses alliés, aveuglément, avec pour seule raison son appartenance à un camp.

« Enfin, une brèche ! », se dit le vieux Commissaire. Pendant que le soufre pétillait dans l'air, l'Équipe s'était réunie dans une vieille planque près de l'aéroport, et, avec le soutien d'inconditionnels amis médecins, policiers et douaniers, Sa Ndiombor fut acheminé en douce vers une destination inconnue des médias et du gouvernement, ce qui amplifia la disgrâce des seigneurs au pouvoir. Le cataclysme qui s'apprêtait à secouer Khouroumbouki devenait plus imminent avec l'agression du journaliste de renommée.

Certainement, les régimes de gouvernement africains étaient au crépuscule de leurs temps ; en tout cas les bouki haussaient visiblement sur un catafalque la dépouille des pouvoirs républicains absolus. Loin étaient les soleils des papas nationaux et des mamans nationales ; ces soleils des indépendances s'étaient éclipsés sous des cumulo-nimbus de rêves de justice et d'indépendance.

Mais – chose extraordinaire –, les bouki alliaient merveilleusement l'expression de leur colère et la ferveur religieuse de la fête du mouton qui approchait. Ce qui était admirable chez eux, c'était plus ce contraste de leur attitude ; ils savaient prendre la bisque, brailler jusqu'au bout, se hurler – et même se taper dessus –, et enfin, partir ensemble, tranquillement à l'église ou à la mosquée, prier ensemble et se souhaiter mutuellement tout le bien du monde. C'est, je crois, ce qui présentait le pays aux yeux des autres nations comme une grande république démocrate.

7

Du côté de Ndoungoussine, la fête s'annonçait joyeusement. Les lieux devaient d'abord changer de visage. L'on nettoyait, l'on astiquait, et les groupes de détenus y mettaient une ferveur débordante. Était-ce la courte possibilité qui leur était offerte de bouger plus longtemps que d'habitude ? Chargée d'ordures, cette crasse aux yeux de la société poussait la détresse de son sort hors des locaux de la prison. Ndoungoussine reluisait et affichait un semblant d'humanité. La Tabaski avait

178

ainsi son lot visible de bienfaits.

Des équipes de ramassage étaient formées. Amoul Yakaar et ses jeunes amis travaillaient ensemble. Pourtant, cela n'a pas du tout été facile pour lui, de participer aux travaux, car Tas-de-muscles s'était vigoureusement opposé à ce qu'on lui remît un râteau.

— Non, grand, tu n'as pas à travailler ! Laisse-nous faire !

— Ça me fera de l'exercice… Et puis, je veux me rendre utile.

— Non ! Non ! Non ! Laisse ce râteau, grand ! je ne peux pas te voir travailler ! Cette saleté n'est pas pour toi !

Le garde affecté à la surveillance du groupe, intervint : « C'est vrai, tu n'as pas besoin de te salir les mains ! Toi, tu es exempté de corvée. » Amoul Yakaar insista cependant : « Boy, je ne suis ni un prince, ni un prophète ! Si vous ne me laissez pas me fatiguer avec vous, c'est que vous ne m'aimez pas, ou alors, je suis toujours le « xonkh nopp » – rouge d'oreille – étranger parmi des boukis ».

Cette réplique toucha profondément Tas-de-muscle. Le colosse lui remit le râteau sur-le-champ. « Tu es mon frère, tu le sais bien ; tu n'avais pas besoin d'user de ce langage politicien… Je ne veux pas voir travailler mon grand, c'est tout ! ». Il bouda durant toute la corvée.

À la fin de la journée, pour récompenser les détenus, le directeur de la prison leur accorda une heure supplémentaire de promenade dans la cour. Ce ne fut que vers seize heures, à l'arrivée de Collé, que Tas-de-muscles retrouva le sourire. Ils s'assirent sous le hangar.

— Pourquoi cette mine de pierre ? demanda la belle femme.

— Il est en colère contre moi, répondit Amoul Yakaar en éclatant de rire.

— Ça, c'est nouveau : les plus grands amis du monde ! Pourquoi cette colère, mon chou ?

— Il m'a traité d'étranger ! bredouilla le jeune homme.

— Non, répliqua amicalement Amoul Yakaar, c'est plutôt toi qui m'as taxé d'étranger ! Tu n'as pas voulu que je participe au boulot !

— Je ne voulais pas que tu te salisses les mains !

— Comment serai-je du groupe si je ne partage pas vos corvées ?

Collé joua alors à la tresseuse de corde : «Grand, le petit voulait t'épargner la peine des durs travaux, c'est tout. Bon, on fait la paix maintenant ! J'ai apporté une bonne pizza que je ne servirai qu'à un cœur souriant.» À ces mots, Bocar – qui s'amusait depuis le début à les écouter se chamailler – sortit enfin de son mutisme : «Je mérite seul la pizza ! Parce que moi, je n'ai plus de force. Eux, ils en ont, puisqu'ils se disputent». Saisissant le paquet, il découvrit une pizza circulairement garnie et exquise. Une tranche allait faire le bonheur de son gosier quand Tas-de-muscles bondit et, la lui arrachant, vociféra : «Toi, tu oublies parfois ta discipline ! Sers d'abord le grand !». En tendant la tranche de pizza à Amoul Yakaar, sa face de nègre pétillait à nouveau d'allégresse. Ils allaient passer une veille de Tabaski le cœur léger quand ce fut le tour de Collé de ternir les visages.

En cette veille de fête, les jeunes gens sentirent au plus profond de leur âme le poids de l'absence : les parents, les amis, et tout ce protocole qui charge la Tabaski de solennité et de grâce, leur manquaient. Ils ignoraient que c'était la dernière pizza qu'ils appréciaient en compagnie de leur ami, le fils du Docteur. Que se tramait-il? Le trio avait remarqué le mutisme de Collé : d'habitude très chaleureuse, elle avait le regard très absent et sombre. Elle avait gardé le silence et se contentait de scruter l'horizon fermé du hangar. Quand ses amis allaient justement manifester leur inquiétude, elle leur tint un discours encore aussi énigmatique qu'incohérent dans leurs têtes.

«Les gars, commença-t-elle, j'ai pendant longtemps perdu les notions de fraternité, d'amour; je ne savais plus ce que signifiait la confidence, et je me méfiais de tout discours… Je n'avais plus confiance en personne. Je ne savais plus, en fin de compte, quelle était la limite entre le mensonge et la vérité… Je jouais la comédie à tout le monde; c'était mon métier de jouer la comédie… tromper les gens…». Tas-de-muscles allait parler, mais elle lui fit signe de l'écouter : «De grâce, laissez-moi parler et écoutez-moi! Jusqu'ici, je n'ai fait que vous écouter; vous ne savez rien de moi!... ».

Ce fut à ce moment, précisément, qu'Amoul Yakaar se rendit compte que Collé était la seule personne autorisée à rester avec eux sous le hangar, des heures durant. Il doubla d'intérêt au discours de la jeune qui était subitement devenue une inconnue pour lui, après ces énigmatiques propos.

« … Je voudrais d'abord, poursuivit Collé, que vous sachiez que vous êtes ma famille. J'ai déraillé depuis mon adolescence et je dévalais la pente de la déchéance… Dans tout ça, j'ai tant massacré de personnes ! … Et puis, je vous ai rencontrés. Une force m'attirait vers vous et me maintenait en votre compagnie. Je crois que c'est la sincérité de vos relations. Vous m'avez appris à estimer l'humanité et à avoir foi en l'espoir et au Bien… Si demain, il vous arrivait des raisons de me haïr, je voudrais que vous sachiez que… je vous aimerai toujours et que vous êtes déjà ma famille. »

De grosses perles roulaient sur ses joues ; ses yeux scintillaient de mille éclats sous la phosphorescence des larmes qui mouillaient ses paupières. Elle se leva brusquement et partit sans dire au revoir. L'énigme touchait à son comble ; ses amis n'en revenaient pas.

Le lendemain, jour de fête, fut encore plus surprenant et riche en émotions. Nos trois amis n'avaient pas fini de se souhaiter une bonne fête qu'un garde appela les deux jeunes dans le bureau du Directeur. Leurs sentiments se mitigèrent aussitôt.

Du côté de Boudjou Land, la fête commençait plutôt bien. Les ruelles serpentines regorgeaient de liesse ; une liesse qui roulait, houleuse, grossissant les joues des dames creuses les jours ordinaires. L'air suffoquait de cette odeur de viande rôtie exceptionnelle, qui ne parfume les cours qu'à la Tabaski ; odeur appétissante qui ne laisse aucun ventre indifférent. D'ailleurs, les plus dégourdis des pieds restaient collés aux fourneaux, pressant même les femmes. Pas un chat ne rôdait.

Le soleil atteignait presque le zénith quand une forme humaine traînait vers la demeure des Seck. Pa Ablaye finissait de récurer son énième assiette de mouton grillé quand une voix hésitante monta derrière lui :

— *Salaamaalikum* ! Papa !

— Eh ! s'écria le vieux Ablaye ! Bocar ! … Ngoné, Bocar est de retour ! Loué soit Le Seigneur ! Alhamdoulillah, mon fils est revenu… !

Les autres membres de la famille qui s'étaient agglutinés autour du fourneau bondirent au nom de Bocar et se ruèrent sur le nouveau venu. Les enfants criaient à gorges déployées, Pa Ablaye se perdit en louanges pour le Seigneur, Ngoné Diabba, elle, fondit en larmes. L'émotion l'avait rendue percluse. Ses yeux embués dégageaient cependant une forte lumière, de ces éclats du regard qui éclairent l'âme d'une mère devant l'enfant prodigue. Oh oui, Ngoné Diabba étincelait d'une sollicitude qui pansait déjà toutes les affres qu'avait dû vivre son fils en prison. Bocar s'avança vers sa mère et l'embrassa de toutes ses forces, après avoir affectueusement étreint son père. Une famille venait de se retrouver.

Pareil spectacle chez Tas-de-muscles qui versa de chaudes larmes sur les genoux de sa mère, avant de se goinfrer des délices du jour. Ceci n'effaça pourtant pas de leur pensée l'image de leur ami resté à Ndoungoussine. « Yakaar doit être triste sans nous pour le soutenir », pensa-t-il. Son gros appétit chuta tout à coup.

Vers quinze heures, ils se rendirent à la prison, bien sapés, chacun un emballage à la main. Leur ami les reçut avec une surprise mêlée d'une grande joie. « C'est vrai que vous êtes mes amis ! », leur lança-t-il. Ils restèrent un moment sans parler ; Amoul Yakaar plaça un mot :

— Vous avez vu Collé ? – évidemment, il connaissait la réponse.

— Non, bien sûr ! Et on n'a même pas son numéro ! dit Bocar.

— J'aimerais bien savoir pourquoi elle était si triste, hier, termina le plus âgé des trois.

Collé avait disparu en des termes très énigmatiques et n'avait pas refait surface. Pourtant, son repas ne tardait pas. Elle avait donc disparu. Pour la première fois, depuis qu'ils s'étaient rencontrés tous les quatre, ils passèrent une après-midi très morose. Collé s'était effacée comme elle avait apparu, sans laisser de trace. Où, diable, était-elle partie ?

Ils l'ignoraient, mais le Commissaire, lui, le savait, car

en quittant la prison tout en larmes, c'est lui qu'elle alla directement voir. Elle le trouva seul et un peu déboussolé dans sa villa. Le patron la fit entrer et s'affala de nouveau sur son canapé. Il portait un jelaba beige qui allait bien avec sa tête poivre-sel.

— T'as le blues ou quoi ? T'en fais une tête !

— Je viens de Ndoungoussine… j'ai levé ma couverture, chef !

— …

— C'est vrai, j'ai flippé… J'ai pitié de ces gosses. Ils restent injustement bloqués dans cette prison, sans pouvoir travailler et soutenir leurs familles…

— …

— Et puis, cette affaire m'a aidé à cicatriser ma plaie.

— C'est heureux de te l'entendre dire !

— Ouais ! Je dois revoir la vieille… J'aurais bien besoin de quelques jours… Je pars cette nuit.

— Huhum !

— Boss, qu'est-ce que t'as ?

— J'ai le blues !

Collé ne put s'empêcher d'esquisser un triste sourire avant de lui dire : «Boss, depuis que je te connais, je ne t'ai jamais vu baisser la garde. Je crois que tu devrais faire comme moi. Quelques jours de vacances te feraient du bien».

Le Commissaire Divisionnaire sourit à son tour et lui rétorqua : «Je veux bien, mais, la maison ?».

Collé bondit de son siège et se tint droite debout devant son patron : «Pa Gora, tu n'es pas Dieu, tu ne peux pas régler tous les problèmes du monde! Pense un peu à toi-même, pour une fois! …Tu as fait de ton mieux – tu fais de ton mieux –, mais tu es en même temps en train de sacrifier des vies qui dépendent de la tienne… Va à Toundou Dior, ta famille a besoin de toi!... Ou alors, je t'emmène à Keur Ardho; mais je ne te laisserai pas ainsi!».

Elle s'était encadré les côtes de ses deux mains, comme savent si bien le faire les femmes en conflit. Gora leva les yeux et s'aperçut du regard déterminé de cette fille, l'image de son enfant, aujourd'hui étudiante en Europe lui revient. Il sourit encore et se leva lourdement du canapé. Tenant Collé par les épaules, il lui dit : «Tu ne m'en laisses pas le choix, je pars à Toundou Dior!». Le visage de la jeune fille s'irradia de nouveau. Elle prit son sac à main, et l'embrassa par la joue en lui soufflant : «Merci, Pa'!».

La ville bruissait de pression, de ferveur et d'allégresse. Les boukis vivaient les dernières heures de préparatifs, les plus critiques d'ailleurs, car c'est en cette période que les chances de certains chefs de famille, d'acquérir un mouton, se voyaient amoindries. Tout Khouroumbouki vibrait au son des marchandages; les bêlements des béliers de tout acabit polluaient les tympans; quant aux voyageurs, ils ressemblaient à des réfugiés, avec leurs multiples bagages. Les bus embarquaient ceux qui repartaient au terroir, heureux d'avoir pu ramasser un petit quelque chose pour les parents restés au village. Pour ceux-là, la Tabaski sera belle au prix de plusieurs mois de privation. Collé avait appelé un taxi-service qui l'attendait à une station non loin de la villa du commissaire. Elle y avait déposé ses affaires – le viatique préparé pour sa mamy et ses cousines. Une demi-heure après, le taxi jaune empruntait l'autoroute à péage en direction de La Cité des rails. Il faisait dix-huit heures à sa montre. Elle s'était rendu compte, blottie sur le siège arrière, qu'elle n'avait pas encore déjeuné. Arrivée à hauteur d'une marchande de fruits, elle fit signe au taximan de s'arrêter pour acheter quelques clémentines- elle s'était déjà approvisionnée en jus et eau à la superette de la station à essence.

La circulation demeurait assez stagnante malgré le péage, et ce fut ainsi jusqu'à la sortie de Janxeen. La cité du rail derrière eux, le taxi jaune roula plus régulièrement vers le Baol, par l'autoroute ILAA TOUBA[2]. Collé, qui commençait à sentir les fourmis dans ses jambes, remercia quand même cette réalisation du gouvernement. Prenant toute la place du siège arrière, elle s'étala à demi plus confortablement et s'assoupit pendant un instant. La fraîcheur du soir ajoutait à son sommeil cette sensation inexplicable des veilles de fête ; sentiment qu'elle n'avait plus éprouvé depuis son adolescence, depuis son viol à Keur Ardho.

Le taxi se gara devant la demeure de sa grand-mère aux environs de deux heures du matin. La rue n'était

---

2. ILAA TOUBA peut dire Destination Touba

pas pourtant déserte en ces moments festifs. Le chauffeur claironna et, quelques secondes plus tard, deux jeunes filles sortirent de la maison. Elles se jetèrent allègrement dans ses bras.

— Vous m'avez manquée, les filles!

— Toi aussi. On n'y a pas cru, quand tu as annoncé ton arrivée, dit l'une d'elle.

— Sauf mamy, bien sûr!

— Elle est couchée? demanda Collé.

— Elle t'attend. Elle n'avait pas autant veillé qu'aujourd'hui.

Pendant que le taximan et les cousines rentraient les nombreux bagages, Collé se dirigeait vers la chambre de sa grand-mère. Face à l'unique bâtiment de la maison, elle jeta un regard autour d'elle : les choses avaient vraiment changé; la construction en dur avait remplacé la case en paille. En fait, malgré sa longue absence aux côtés de sa grand-mère, elle s'était toujours occupée d'elle. Dès qu'elle avait reçu son premier salaire, elle avait contracté un prêt auprès de sa banque, pour offrir à Mamy ce joli bâtiment avec tout le confort intérieur. Elle avait, ensuite, dépêché ses cousines pour l'entretenir, et envoyait tous les mois l'argent nécessaire à leurs dépenses. Cependant, malgré l'insistance de Mame Hadiara, elle n'avait jamais plus voulu remettre les pieds sur les lieux qui lui avaient ravi l'estime de sa personnalité. En effet, depuis l'après-midi de son viol, tout Keur Ardho l'étouffait : l'odeur vinaigrée du lait caillé ajoutée au parfum que dégageait cette bête en rut dans cet appartement isolé, sa sueur fermentée qui collait à sa peau, cette voix de sanglier égorgé qui grommelait de plaisir criminel dans ses tympans, ce corps lourd de porc qui l'écrasait… toute cette putréfaction lui avait tellement bouché les veines, qu'elle s'asphyxiait très régulièrement. Cela s'était manifesté d'abord par des accès de suffocation assimilés à de l'asthme. Mame Hadiara l'avait amenée à Mourideville, et c'est là que les médecins lui avaient annoncé l'état de choc dans lequel se trouvait la jeune fille. Revenue de sa surprise, elle avait noué sa douleur autour de ses reins et avait décidé de faire face à la tragédie de son enfant.

Mais ce ne fut pas chose facile. Amy Collé s'était emmurée dans une coquille qu'il semblait difficile à casser. Pire encore, elle avait rejeté toute présence humaine à ses côtés. Mame Hadiara s'en était encore ouverte aux médecins de la sainte ville; ceux-ci lui expliquèrent qu'elle devait s'armer de patience et qu'un jour, quand sa colère se serait dissipée, elle reviendrait à de meilleurs sentiments. Alors, Mame Hadiara avait patienté et avait espéré. Le jour même où elle lui avait annoncé son départ pour Ndiobènetalène, elle s'était retenue de pleurer devant elle et lui avait indiqué l'adresse d'une de ses tantes maternelles. Elle n'oublia jamais ses interminables pleurs, seule devant l'absence de cette petite perdue de douleur…

Collé frappa à la porte et une voix ensommeillée répondit : «Entrez!» Elle entra. Mame Hadiara était couchée sur un grand lit en bois d'ébène, partie d'un ensemble mobilier de haute facture que la jeune femme lui avait payé. La douce voix de la vieille dame sonna encore :

— Amy, tu es revenue ?

— Oui, Ma.

— Alhamdoulillah !

— Comment te sens-tu ?

— Je vieillis… Et toi, es-tu toujours en colère ?

— Non, Ma, je me suis retrouvée.

— Alhamdoulillah ! Tu vois, les choses ne sont pas si simples que ça, mais tout finit par s'arranger un jour ou l'autre.

— Merci, Ma ! Qu'est-ce qui manque à la fête ?

— Comme tu es ici, plus rien ne manque, alhamdoulillah ! J'ai acheté deux béliers avec l'argent que tu as envoyé ; j'ai offert l'un d'eux en sacrifice, pour toi.

— Tes vœux se sont réalisés, ajouta Collé en lui serrant la main. Je vais aider les filles à éplucher… J'ai dormi durant tout le trajet. Mais toi, tu devrais dormir à présent.

Elle alla rejoindre ses cousines et les relaya au travail. Une âme s'était retrouvée.

Pendant que Collé roulait vers l'antre de sa tragédie, le Commissaire Gora Seck repensait, lui, au coup de fil qu'il avait donné le matin à la femme de sa vie. C'était la routine, toutes les veilles de Tabaski, d'appeler Ndeye Ndiéré pour vérifier que tout allait bien et que rien ne manquait à la fête. La réponse de sa femme fit l'effet d'un coup de massue :

— Gora, tu es le seul élément qui manque ici. Ta fille a appelé ; elle a dit qu'elle préfère rester au Canada si tu ne venais pas.

— Ça fera deux ans qu'elle ne nous aura pas rendu visite…

— Et toi, depuis quand es-tu absent de ma vie ?

— …

— Je ne t'en veux pas, chéri, j'ai appris à te comprendre : tu es de ceux-là qui porteront toujours sur leurs épaules la survie du monde. Je souhaite simplement que tu viennes égorger notre bélier.

— Mais… je n'ai plus d'habits pour la prière.

— Je t'en confectionne un nouveau chaque année.

— J'arrive, mon amour ! Tu… tu veux quoi comme fruit ?

— Des pêches !

Vers dix-neuf heures, le vieux Gora, encouragé par Amy Collé, roulait à tombeau ouvert, pour rattraper le temps perdu. Un cœur battait à nouveau.

CHAPITRE XIV

Le procès arriva enfin. La salle d'audience fut prise d'assaut de très bonne heure. Dehors, la chaussée était bondée de monde. Des gens étaient venus de partout ; des dizaines de cars Teuf-teuf avaient charrié tout ce beau monde pour la plupart habillé de tee-shirts blancs avec, imprimée dessus, la photo du prévenu. Les partisans du Docteur venaient prêter main-forte aux sympathisants d'Amoul Yakaar. Les banderoles et les slogans tapissaient la chaussée du palais de justice ; des slogans aux allures partisanes, parfois un peu osés. Mais ceci va avec le décor des problèmes politisés en Afrique. Enfin, vers neuf heures, le procès reprit. Le président du tribunal rappela le chef d'accusation et invita directement les avocats à la plaidoirie. Ceux de l'accusé, leur tour venu, prestèrent avec brio. Le Président suspendit l'audience pour la délibération. Une heure après, il demanda au prévenu son dernier mot. C'est là qu'Amoul Yakaar bondit, et cria presque à tue-tête : « Je vous ai dit que cette fortune n'est pas à moi. J'ajouterai uniquement ceci, cette fortune ne m'appartient pas ! Je ne sais pas – autant que vous ne le savez – d'où vous viennent toutes ces accusations ! Bon sang, comment un individu sain d'esprit pourrait-il détenir tout cet argent et tout ce luxe, et vivre misérablement ? Lorsqu'on m'arrêtait, une bonne vieille dame me nourrissait de beignets de niébé, et pendant sept mois ; je longeais les murs pour ne pas rencontrer mon bailleur, car je lui devais déjà six mois de loyer… Mais ce n'est pas la peine de vous le dire, car, vos textes ne m'écoutent pas ! Alors, faites ce que bon vous semble, mais retenez que je n'ai pas volé cette fortune et qu'elle ne m'appartient pas ! ». Il se rassit, ignorant la mine que faisaient ses avocats. Dans la salle comme partout à travers le pays, une salve de victoire jaillit et déchira tous les bruits de Khouroumbouki.

Mais le verdict tomba comme le couperet qui se dessinait dès le début, sur la tête d'Amoul Yakaar. Le tribunal le condamna à quinze ans de prison, avec une amende de douze milliards de francs CFA.

La condamnation du fils du Docteur venait de soulever une indignation populaire si vive que tout Khouroumbouki se fâcha. Les langues se délièrent. À l'intérieur, dans la province de Keur Lamaan, cette indignation avait gagné un homme, Saguèye Wally. La quarantaine, la tête couverte de rastas, la peau noire, debout sur ses deux mètres dix, cet individu parcourait toute la province, clamant l'innocence du fils de Docteur. Il arguait devant toute assemblée que c'était Le Tout-Puissant qui avait récompensé ce soldat du peuple à travers son fils. Pour lui, la baraka d'un fils tient de la bénédiction du père, ce qui faisait d'Amoul Yakaar le bénéficiaire de cette aubaine. Cet énergumène était connu dans la cité pour quelqu'un qui se mêlait de tout, mais jamais de choses politiques. Il changea néanmoins de centre d'intérêt à l'annonce du verdict de la justice. Il se fit subitement l'avocat d'Amoul Yakaar sous toutes les palabres.

Un soir, au marché de Ndiareem Ndiaye, un débat fut, comme d'habitude, soulevé à propos de la même affaire. Saguèye passait par là et, entendant les avis des uns et des autres, entra dans le cercle qui s'était formé autour d'un jeune homme de trente ans qui défendait mordicus la culpabilité de son «ami», le fils du chef de l'Opposition. La matinée n'était pas très fructueuse, car il n'avait pas encore écoulé son sac de «xorom polle», ces clous de girofles tant prisés par les Lamaan dans leur célèbre café-Touba, mais Saguèye ne pouvait pas se permettre d'accepter de telles balivernes à propos de celui qu'il considérait comme le captif du pouvoir en place. Non, c'en était trop! Remplissant ses poumons d'air, il vociféra comme un lion sur le jeune homme, détournant du coup l'attention du public sur lui-même. Il jura, sautillant et se tordant, sur la tête de ses enfants, que les seuls voleurs étaient ceux qui voulaient détruire la vie d'un enfant issu des fruits de la patience et de l'abnégation. Il parla si fort et si longuement que le soleil au zénith le trouva sur place à plaider. Il faut remarquer que son auditoire s'était renouvelé plusieurs fois, même si le jeune homme avait disparu, mais lui, Saguèye Wally, ne tarissait pas d'arguments et de louanges au profit de son poulain. Vers quatorze heures, des mains le saisirent par-derrière et le menottèrent. Il termina sa journée au poste de police. Quand ses parents en compagnie de sa femme lui demandèrent le motif de son arrestation, il leur assura que c'était un signe qu'il disait vrai, car le destin lui faisait subir la même chose qu'à son ami Amoul Yakaar. Le commissaire le prenant pour un débile le libéra, mais pas sans un conseil : « Tâchez de fermer votre gueule en public!» lui avait-il dit en le reconduisant. Rien n'y fut, Saguèye jubilait même, clamant partout sa victoire sur l'arbitraire.

Pour les autres aussi, à l'instar de Mère Awa, la justice de Khouroumbouki était vraiment aveugle, au point de ne pas comprendre que tout, dans cette vie, ne peut être prévisible par les textes. En effet, sa gargote ne désemplissait pas jusque tard dans la nuit; les clients montaient à tour de rôle, au créneau, qui pour fustiger sans raison la détention d'un enfant d'autrui, qui pour analyser l'imbécilité dans laquelle pataugeaient les lois modernes qui jugeaient les Africains.

Consciente de la mauvaise posture dans laquelle se trouvait son «enfant», elle décida d'agir selon la tradition. Dans le Gandong, plus au nord du pays, les langues louaient la perspicacité d'un homme de Dieu aux pouvoirs occultes. C'est à lui que Mère Awa décida de confier le sort d'Amoul Yakaar. En effet, tard la nuit du verdict, elle alla s'enfermer dans sa chambre sans dîner.

Ses filles la voyant toute malheureuse s'occupèrent de la gargote. Son absence fut remarquée par les clients ; certains parmi eux en comprirent les raisons, ayant déjà remarqué les liens affectifs qui s'étaient tissés entre elle et le jeune homme condamné. Couchée sur son lit en fer, elle se tordait de douleur. Elle avait horreur de voir des gens en difficulté, surtout cet enfant qui n'était qu'un innocent : «Je sais qu'il est innocent! Il n'a rien, même s'il est le fils du plus grand politicien du pays. Et puis, je me demande comment le Docteur pouvait laisser son enfant aux mains de la misère. Ah, ces intellectuels, je ne les comprends pas du tout!... En tout cas, je me sens concernée, cet enfant est comme mon fils. Je ne retrouverai le sommeil que lorsqu'il sortira de prison!» Disant ces mots, Mère Awa se tira du lit et ouvrit le bahut qui meublait la chambre. Elle en sortit une boîte en contreplaqué, saisit un couteau et l'ouvrit. Elle déversa sur le lit le contenu de la boîte : des pièces de monnaie et beaucoup de billets de banque, le fruit d'une année de dure besogne. Elle compta minutieusement l'argent avant de glisser la somme dans son sac à main. Elle choisit ensuite un complet dans un battant du bahut et le plaça sur le rebord du lit.

Le lendemain matin, de très bonne heure, Mère Awa fit sa toilette, prit son sac à main et sortit après avoir donné ses directives à l'aînée des filles. Boulfaale se réveillait de sa vie nocturne ; les bruits du jour remplaçaient ceux de la nuit. Des corps sans logis gisaient toujours sur les trottoirs, entourés de baluchons et de sacs en plastique, vestiges de leur infortune à la capitale. De part et d'autre de la chaussée, des poteaux électriques éclairaient la rue, pareils à la bouche d'une vieille édentée. Mère Awa héla un mini bus et monta à bord ; le véhicule prit la direction de Bountou Pakh, là où se trouvait la principale, plus grande et plus moderne gare routière du pays des bouki. C'était une énorme place bien structurée, avec à l'Est, les quais de départ et, à l'Ouest, ceux d'arrivée. Un peu plus au Sud, on apercevait deux blocs de gargotes installés à l'image des maquis ivoiriens. Les voyageurs pouvaient y commander le plat de leur choix en fonction de leur bourse. Les dernières ténèbres de la nuit finissaient de se dissiper quand Mère Awa atteignit le premier bloc. Elle s'acheta une tasse de café et du pain qu'elle avala à la hâte avant de rejoindre le Quai numéro 6, en partance pour Dekh goumack, la région de la grande vallée du nord.

Pour ne pas s'attarder en chemin, elle avait pris un taxi communément appelé «7places» ; c'était plus cher, mais avec ces véhicules, l'on ne risquait pas de passer la journée en route. Le taxi mit peu de temps à sortir de Ndiobènetalène, bientôt il traversa le fief de Coumba Lamba et, une demi-heure plus tard, la forêt de Kâgne s'ouvrait en un ravin tortueux parsemé çà et là d'arbustes, des épineux et des «*niim*»[1]. Les souvenirs de Mère Awa la portèrent alors loin, il y a vingt ans. Elle

____

1. *niim* : arbre originaire d'Inde, dont les feuilles sont amères, avec un goût de nivaquine

revoyait le jour où, bénie par ses parents, elle s'était embarquée à bord d'un car «Teuf-teuf» en direction de la capitale. Elle ne se doutait pas à l'époque que le destin allait lier son sort à celui de Boulfaale. Pour la première fois de sa vie, elle sortait des Iles du centre, le fief du sel consommé par les boukis. Les pluies commençaient à se raréfier et les récoltes ne couvraient plus les besoins de la famille. Dans ces circonstances, il revenait à l'aînée qu'elle était d'aller se sacrifier à l'aventure de l'exode vers la ville. Elle rassembla les pans de son grand boubou sur ses cuisses et se racla la gorge. La jeune fille assise derrière elle, sur la banquette arrière, la dévisagea. Mère Awa était une femme à la peau noire, qui ne s'était jamais essayée au *xeesal*[2], le blanchissement de la peau, tant prisé par les femmes bouki. Elle mesurait à peine un mètre soixante-quinze et sa corpulence évoquait toute la bravoure dont elle s'était armé pour survivre aux périls de Ndiobènetalène pendant presque un quart de siècle. En effet, des cannelures qui bordaient son cou figuraient autant de coups durs avalés de force dans sa misérable vie de boniche. C'était le prix à payer pour envoyer la modique somme d'argent destinée à nourrir sa vaste famille aux Iles du centre. Elle avait résisté aux affres de la vie et s'était installée, plus tard, un petit commerce de «akara», sur la chaussée, dans une rue du coin.

Le véhicule dépassa Toundou Dior, la capitale du rail,

____

2. «*xeesal*» : phénomène de dépigmentation avec des produits chimiques, que les femmes africaines pratiquent à outrance

et prit la nationale longeant les Niayes, en direction de la Vallée du nord. Mère Awa promenait son regard de part et d'autre de la route, partout s'étalaient, à perte de vue, d'immenses champs de manioc parsemés de palmiers. Les artisans de cette région utilisaient les branches de ces sveltes arbres pour fabriquer de jolis meubles. Deux heures plus tard, le taxi déposa la bonne dame à l'entrée de Mpalla, une bourgade située à trente kilomètres de la capitale du nord. Une charrette la conduisit à l'intérieur, vers un village à deux kilomètres derrière la voie ferrée. Là, vivait cet homme de Dieu reconnu pour ses bonnes prières. Mère Awa arriva enfin chez le marabout après un quart d'heure de piste. Des femmes vaquaient à leurs besognes avec, attachés à leur dos, des nourrissons pleurnichant. La demeure du marabout était une grande concession entourée de palissades du haut desquelles saillaient les chaumes des cases qui la peuplaient. En forme concentrique, chaque case délimitait une petite concession dans la grande. Celle de Serigne Modou Dieng était plantée au fond de la demeure. Mère Awa salua ; une voix grave lui répondit : *Bissimilla[3]* ! Elle rangea ses sandales devant l'entrée et pénétra dans la case. Serigne Modou était couché sur un lit en paillasse ; il se leva en apercevant la dame. C'était un vieil homme qui dépassait ses quatre-vingt-dix ans, mais avait l'air d'en avoir soixante. Sa petite taille le rajeunissait aux yeux des étrangers.

Après les salamalecs, la dame exposa le but de sa vi-

---

3. Soyez la bienvenue

site. Serigne Modou lui tendit un chapelet, lui intimant d'y choisir une perle ; elle s'exécuta. Le vieux serra la perle choisie et se mit à égrener le chapelet. Quelques secondes après, il lui révéla sa vision : «Bonne dame, le but de votre visite semble être ce jeune homme à la peau claire… Vous n'êtes pourtant pas apparentés, alors pourquoi êtes-vous si inquiète à son sujet ? ». La dame lui répondit qu'elle le considérait comme son fils, car le jeune homme était seul dans son sort. Le marabout continua : «Nous voyons qu'il est dans un trou très profond et très sombre… mais, s'il plaît au Tout-Puissant, il en sortira la tête haute… Seulement, il faut que nous fassions des offrandes… ». La somme demandée fut immédiatement donnée et Serigne Modou lui indiqua beaucoup de choses à faire pour accomplir le sacrifice. Ceux-ci furent accomplis sur-le-champ, et Mère Awa rebroussa chemin, le cœur léger. Elle retrouva sa gargote vers dix-neuf heures, dans un vacarme infernal, policiers et manifestants de la journée plongés dans les commentaires des coups mutuellement donnés.

CHAPITRE XV

Il y eut finalement des milliers et des milliers de «Saguèye Wally» et de «Mère Awa» dans tout Khouroumbouki. Les débats s'animaient et les cœurs s'échauffaient; les cœurs débordaient et les esprits s'embourbaient dans le vertige du doute. De Ndiobènetalène à Ndialakhar, en passant par Keur Lamaan, les langues déversaient la même bile contre ces petits toubabs noirs qui jugeaient le fils du Docteur par des lois qui ne maîtrisaient pas l'environnement culturel du pays.

Dans le parti, le responsable national des jeunes, Diambar Sène, décida de créer un mouvement de soutien au fils du Docteur. Il en parla avec le Docteur un soir, après une réunion du comité directeur du Bureau National. Docteur reçut cette proposition avec joie. «Enfin, une voie propice à la défense de mon fils!», se dit-il. Il donna au jeune Diambar Sène tout le financement demandé. Cela lui importait peu de savoir si ce jeune homme était convaincu ou pas, l'essentiel était qu'il parlât pour son enfant. Diambar en avait parlé au doyen Mar Diaw, un jour de meeting dans un grand boulevard de la capitale, mais ce dernier l'en avait empêché. Les responsables réunis autour du Docteur, eux, voulaient une démonstration de force avec ce rassemblement. En effet, l'heure était à l'intimidation, de part et d'autre des camps ennemis.

Le débat sur l'innocence du fils Ndiaye persistait, et tous, sauf le Commissaire Gora SECK et son équipe, oublièrent Sa Ndiombor.

En effet, le chevronné journaliste avait reçu dans sa chambre d'hôpital à Tougal, le Docteur Ndiaye. Lui ayant expliqué la situation de son agression, il lui confia des dossiers et lui demanda de les publier. Le Docteur, ayant analysé le degré d'entêtement du gouvernement, proposa une autre alternative. Il fixa un rendez-vous privé et secret avec certains Généraux de l'armée dignes de confiance. C'était la seule façon pour lui d'éviter au pays une mêlée générale et de libérer son enfant. Le Commissaire SECK avait vu juste, car tout Khouroumbouki était au bord de l'implosion.

La même colère qui consumait les boukis à la condamnation du fils de Serigne Saloum, se raviva. Le pays était au bord de la confusion totale quand, un jour, le Général Massigui Mbodji, chef d'État-Major général des Armées, entreprit la dissolution du gouvernement et décréta l'État de siège. L'ancien gouvernement s'exila. Le nouvel homme fort du pays annonça la tenue prochaine d'un référendum révisant les textes de loi du pays conformément à l'esprit de Khouroumbouki, et procéda à l'annulation de lois jugées impropres aux valeurs de ses concitoyens; celle qui mit le fils de Serigne Saloum et Amoul Yakaar en prison fut du coup abrogée.

De sa vaste cellule, Amoul Yakaar suivait le revirement de la situation. Il salua la dextérité des soldats du pays et félicitait vivement – devant sa télé – le Général Massigui Mbodji. Un vendredi après-midi, un mois après ces événements, le Docteur envahit la cellule, en compagnie de ses avocats. Ils exultaient, brandissant un papier sous le regard intrigué du détenu.

«Nous sommes libres, mon fils, dit le Docteur Kholé Ndiaye. Nous rentrons à la maison!»

L'un des avocats lui expliqua que l'abrogation de la loi qui l'incriminait entraînait du coup l'annulation de sa condamnation, et que d'ailleurs, la justice n'ayant pas pu prouver la provenance de sa fortune, tout lui était rendu sans condition.

Le fils du Docteur sortit de prison tard dans la nuit. Il fallait, en effet, attendre que la foule venue l'accueillir fût rentrée, pour lui permettre de quitter Ndoungoussine à bord de l'une des luxueuses et imposantes voitures désormais sous sa propriété.

«J'ai des vies à refaire; je te rejoins demain», dit-il à son père. Il alla voir ses jeunes amis déjà libérés. Il les trouva en présence de Collé.

Mais il ne rejoignit pas son père chez lui, il préféra qu'on le déposât devant son ancien appartement du quartier Boulfaale. Le Docteur trouva l'attitude de son fils assez déconcertante, mais, heureux qu'il était, il le laissa faire. «Je te reverrai demain», lui avait dit son fils en montant à l'arrière de sa nouvelle et luxueuse voiture.

Amoul Yakaar dormit comme jamais il ne l'avait fait auparavant. Pourtant le premier appel à la prière du matin le trouva hors du lit. Il fit ses ablutions et, s'apprêtant à prier, il entendit des coups frappés contre la porte. «Ah, ces gardes du corps! Mon père ne comprend pas que je n'aime pas ces protocoles!»

Il alla ouvrir et à sa grande surprise, vit le vieil homme debout devant lui.

— On dirait que tu attendais quelqu'un d'autre.

— Je t'attendais, mais pas à cette heure.

— Prions d'abord!

Amoul Yakaar le devança et détacha un second tapis du premier. Debout côte à côte, les deux hommes firent ensemble leurs dévotions au Tout-Puissant. Ils prièrent gracieusement Allah dans un calme religieux. Le jeune homme sentait son cœur battre à nouveau. Il dévisageait le vieil homme et se sentait redevable à cet inconnu qui avait totalement bouleversé sa vie; celui-là qui lui avait promis un soleil meilleur et qui le réalisait sous ses yeux, comme par magie; cet homme grand par la sainteté qu'il dégageait et généreux par l'acte qu'il venait d'accomplir; celui-là même qui l'avait réconcilié avec son Seigneur.

Après la prière, le vieil homme lui fit face et lui parla une dernière fois : «Fils, une seule question te reste à l'esprit et je vais y répondre. Je ne suis pas un djinn, je suis Serigne Saloum en personne! Tu vois, tout dans cette vie ne peut pas s'expliquer par la loi mathématique. Les hommes modernes de ta trempe oublient que la vie est et restera toujours bipartite, jour et nuit, blanc et noir, haut et bas… vie et mort. L'être humain a besoin de spiritualité pour ne pas sombrer dans la fosse des bêtes. Ces gens ont emprisonné mon fils sous prétexte que sa fortune était injustifiable, oubliant ma baraka qu'ils viennent portant quémander à chaque veille d'élections. Ils remettaient en cause tout le travail que mes parents avaient fourni dans la dévotion à Dieu… Je voulais leur faire vivre leur propre incohérence, les contredire en leur prouvant ce qui, de l'invisible, peut alimenter le visible, et qu'un seul simple esprit soi-disant cartésien ne pourrait justifier. Il y a des choses, fils, que la tête ne peut voir et accepter que si le cœur s'y ouvre. La fortune qui t'arrive est de ta baraka, car tu m'as permis de prier dans ton appartement».

Il se leva pour partir. Amoul Yakar se leva à son tour et lui dit : «Merci!» Le vieux referma la porte derrière lui; il sourit en entendant le jeune homme proférer comme dans une litanie : «Alhamdoulillah ! Seigneur, je Te rends grâce!».

Mère Awa était assise devant sa chambre, à l'endroit habituel où elle préparait la pâte pour ses beignets de niébé. Un homme salua depuis l'entrée; elle s'arrêta et resta bouche bée. Amoul Yakaar se tenait droit devant elle, pareil à l'enfant prodigue qui revoit sa mère.

C'était d'ailleurs sa mère, car c'était elle qui s'était souciée de sa détention et de sa faim. Des larmes maternelles coulaient sur ses joues, et entre deux sanglots, elle glissa :

— Fils, ils t'ont libéré ?

— Oui, maman Awa, je suis libre depuis hier nuit. Et je viens te chercher avec ta famille. Désormais, vous allez habiter à mes côtés, aux Almadies, dans une villa que je t'offre. Le chauffeur est devant la porte, prépare le strict nécessaire, il y a tout là-bas.

La bonne vieille dame avait l'esprit électrifié ; elle balbutia :

— Et… Et la gargote ?

— Ils devront s'y faire, Yaye Awa ! À présent, tu géreras un grand restaurant cinq étoiles.

Mère Awa faisait ses adieux à ses colocataires tandis qu'Amoul Yakaar, à bord de sa voiture prenait la route qui menait vers la corniche. Il faisait environ dix-neuf heures et demie.

Comme d'habitude, les véhicules défilaient tranquillement sur cette allée témoin de l'incroyable aventure qu'il avait vécue durant presque toute une année presque. La statue du Souvenir jouait toujours son air intemporel, le dos tourné aux falaises. L'homme s'arrêta devant cette imposante création contemporaine, souleva la tête et la regarda un moment. Il venait de remarquer que le cor de la statue ressemblait à une pipe éteinte. Il fouilla dans ses poches et en sortit sa lettre de licenciement qu'il réduisit en petits morceaux avant de les semer dans le vent. Regardant les pétales blancs s'envoler dessus la falaise, il remercia encore Allah. Il pensa à tous les boukis qui ont souffert et qui souffraient encore dans Khouroumbouki, et qui méritaient un pan du soleil que les politiciens d'Afrique se partageaient depuis les indépendances. Il pensa à Mère Awa, Bocar, Tas-de-muscles, Tante Magatte, et à tous les misérables, de Boudjou Land à Fakh Land, de Ndiobènetalène à la Vallée du nord ; il pensa à toutes ces bouches atones pour qui il convenait de dire les rêves et de crier à tue-tête les ténèbres. Il pensa à tous ces cœurs de lion, le Commissaire Gora SECK, Collé, Tony, Sa Ndiombor, M. Diome, ces esprits engagés qui voulaient rester justes. Il pensa à ses débuts de politiciens auprès de son père, et aux manigances de Mar DIAW pour rester No 2 ; il pensa à tous les coups bas qu'il recevrait si jamais il revenait dans cette arène malsaine. Face à la falaise, il se remplit alors les poumons et cria en une salve longue et interrogatrice : « Cela en vaut-il la peine ? » Il attendit que l'écho lui renvoyât sa voix, mais, à sa surprise, il en reçut une autre, assez familière, qui lui disait : «Tente le coup et tu sauras !» Il sourit et retourna à sa voiture. La nuit couvrait le chemin qui montait vers les Almadies.

Imprimé au Canada
pour le compte de
Presses Panafricaines